지성만이 무기다

知性だけが武器である：「読む」から始める大人の勉強術
白取春彦 著
祥伝社 刊
2016

知

지성만이 무기다

읽기에서 시작하는 어른들의 공부법

性

시라토리 하루히코 지음 | 김해용 옮김

비즈니스북스

지성만이 무기다

1판 1쇄 발행 2017년 9월 25일
1판 11쇄 발행 2024년 7월 19일

지은이 | 시라토리 하루히코
옮긴이 | 김해용
발행인 | 홍영태
편집인 | 김미란
발행처 | (주)비즈니스북스
등 록 | 제2000-000225호(2000년 2월 28일)
주 소 | 03991 서울시 마포구 월드컵북로6길 3 이노베이스빌딩 7층
전 화 | (02)338-9449
팩 스 | (02)338-6543
대표메일 | bb@businessbooks.co.kr
홈페이지 | http://www.businessbooks.co.kr
블로그 | http://blog.naver.com/biz_books
페이스북 | thebizbooks
ISBN | 979-11-86805-83-1 03100

비즈니스북스는 독자 여러분의 소중한 아이디어와 원고 투고를 기다리고 있습니다.
원고가 있으신 분은 ms1@businessbooks.co.kr로 간단한 개요와 취지, 연락처 등을 보내 주세요.

이 세상을 살아가는 데
지성만이 유일한 무기다

———

이 책은 앞으로 뭔가 공부를 해보려는 의욕을 가진 성인을 위해 쓴 것이다. 시험을 앞둔 학생이 대상은 아니다. 이 책이 성인을 대상으로 하는 이유는 그들은 각오하고 공부를 시작하기 때문이다. 반면에 학생들은 대부분 공부를 진지하게 하지 않는다. 많은 학생이 학업을 취직을 위한 일종의 과정이라고 생각하기 때문이다.

그들은 요령껏 학업이라는 과정을 처리하고 싶어 할 뿐이다. 그런 의미에서 공부가 당장의 수단이 된다. 그들은 공부를 통해 한 단계 성장하거나 더 나은 모습으로 변모해 가는 경우가 거의 없다. 지성을 갖춘 인간조차 되지 못하는 것이다. 모든 일이 그렇지만 진심으로 최선을 다하지 않으면 몸에 배지 않고 자신도, 살아가는 방식도 바뀌지 않는다.

　내 말에 오해가 없도록 덧붙여 말하자면, 지성을 갖춘 인간이 되는 게 반드시 훌륭한 것은 아니다. 하지만 지성적이지 못하면 살아가는 데 어려운 것은 확실하다. 왜냐하면 인간이라는 이족보행 동물이 자기 보존을 위해 활용할 수 있는 유일한 무기가 지성이기 때문이다. 이를테면 자유롭게 사용하는 어휘 수가 500개밖에 되지 않는 사람과 어휘 수가 5,000개 이상인 사람 중 누가 표현력이나 전달력이 뛰어날까. 두말할 필요도 없다. 표현력과 전달력이 약하면 상대방의 이해 정도도 급격히 낮아진다. 이는 살아가는 데 상당히 불리한 일이다.

　또한 5,000개 이상의 어휘를 가진 사람은 500개 정도인 사람보다 어휘의 조합 수가 훨씬 더 풍부하다. 이는 발상의 다양함으로 연결되고, 어떤 어려움에서 벗어나기 위한 방법도 손쉽게 찾아내는 강인한 해결력으로 직결된다. 어휘 수는 사전을 보고 공부해서 기계적으로 늘릴 수도 있지만, 그 방법만으로는 어휘를 자유자재로 활용할 수 없다. 가장 자연스럽게 어휘를 늘리려면 독서를 통해 말과 표현을 자신의 것으로 삼아 이야기하거나 써야 한다.

　일상적으로 이런 생활을 하다 보면 어제까지의 자신과는 또 다른 사람이 되어 있을 것이다. 자신이 변했기 때문이다. 자신이 변하면 주위도 변한다. 그런 의미에서 어떤 형태로든 공부는 자신의 가능성을 확대하고 살찌우는 일이다.

오타쿠お宅(특정 분야에 몰두하여 대인관계를 기피하는 등의 경향이 나타나 의사소통이 서투른 사람—옮긴이) 같은 내향적인 공부가 아닌 이상, 어떤 공부를 하더라도 인간은 교양의 폭을 늘림으로써 고도한 삶의 방식으로 변해 간다. 그러면 인생은 보다 깊은 맛과 의미를 가지게 된다. 공부하지 않았을 때보다 훨씬 폭넓은 자유를 느낄 수 있을 것이다.

　　　　이 책에서 언급했지만 나 자신은 학교 공부를 잘하지 못했다. 고리타분한 복장을 하고 권위적으로 행동하는 교사들은 행동에서도 모순을 보일 뿐만 아니라 해답만 찾는 방식으로 수업을 진행해 시시했다. 그들은 수업에서 수많은 명저를 거론하지만, 전혀 읽어 보지 않았음이 분명했다. 나는 교육 시스템에 목맨 자들의 속임수가 싫었다.

공부다운 공부를 하지 않고 대학에 진학해서도 반년 동안은 손에 꼽을 정도로 강의를 들었다. 음주와 당구, 독서로 수많은 날을 새우다 2학년 때부터 술을 끊고 강의 후에 일본어는 전혀 사용하지 않는 독일 어학교에 다녔다. 일본에서 실시하는 모든 독일어 시험에 합격한 뒤, 매일 지하철을 타고 직장으로 출퇴근할 마음이 전혀 없었던 나는 베를린 대학의 입학시험을 보고 철학부에 들어갔다. 그리고 나서 서른한 살 때 일본으로 돌아왔다.

뭐라도 하지 않으면 임대료도 낼 수 없다는 사실을 깨닫고는 번역 흉내를 조금 내다가 우연한 계기로 책을 내게 되었다. 이때 큰 도움이 되었던 것은 학교에서 배운 내용이 아니라 내가 평소 해왔던 공부였다. 평소 하는 공부는 특별한 게 아니다. 종교 서적부터 세계문학, 양자역학까지 제법 다양한 분야의 책을 읽은 것이다. 일의 연장으로 종교나 철학과 관련한 책을 썼으며 오오토리 하루키라는 이름으로 장편 관능소설을 열여덟 권 썼고, 본명으로 현대소설과 시대소설 단편을 아홉 편 정도 써서 문예 잡지에 게재했다. 그 후에는 다시 철학과 관련한 책을 쓰는 경우가 많았다.

어쩌면 글을 쓰기만 한 것처럼 보일지도 모르겠지만, 틈틈이 책을 읽으며 조사했다. 두 개의 서재도, 침실도, 복도도 온통 책투성이다. 화장실과 욕실, 옷장에만 책이 없다. 하지만 이런 상황에서도 나 자신을 독서가라고 생각하지는 않는다. 오직 알고 싶다는 마음으로 책을 읽기 때문이다. 진심으로 말하지만, 내게 어떤 지식이 있다고는 생각하지 않는다.

이 정도밖에 안 되는 나는 차치하고, 요즘 사람들은 별로 진지한 책을 보지 않는 듯하다. 공부 같은 것은 대학 졸업과 함께 끝났다고 치부하고 자신의 공부를 하지 않는 듯 보인다. 이는 영양을 섭취하지 못하는 것과 같아서 결국에는 인생이 빈약해지지 않을까.

내게는 그런 사람들과의 대화가 애니메이션 《피핑라이프》Peeping Life 의 캐릭터들이 말하는 것처럼 들린다. 잭슨 폴록Paul Jackson Pollock(1912~1956, 미국의 추상 표현주의 화가-옮긴이)의 그림 같기도 한데, 두서가 없다. 반응만을 위한 조각난 언어의 응수다. 화제의 발전이나 종결은 보이지 않는다. 스스로 공부하는 사람이라면 그런 대화 방식은 취하지 않을 것이다.

현대인은 향락에 너무 익숙한지도 모른다. 향락이란 거짓된 즐거움이다. 향락은 요금을 지불해야만 대접을 받을 수 있기 때문에 반드시 시간제한이 있다. 이런 상업적 향락은 테마파크부터 모의연애나 섹스, 게임까지 매우 다양하다. 많은 사람이 그런 향락밖에 모르는 게 아닐까. 즐거움을 누군가로부터 받는 것이라고 착각하는 것은 아닐까.

내가 이렇게 비판할 수 있는 데에는 스스로 시작한 공부가 진짜 즐거움 중 하나라고 확신하기 때문이다. 물론 공부하는 즐거움에는 골치 아픈 것도 섞여 있다. 하지만 그런 공부는 누군가가 강제한 것이 아니라 자신이 적극 도전했기 때문에 대체로 즐거운 충실감을 동반한다. 결과적으로 과거의 자신에서 벗어나 끊임없이 변신하는 모험을 동반한다. 이처럼 매력적인 것이 또 있을까.

예를 들어 널찍한 주방에 온갖 요리 도구와 다양한 식재료가 갖추어졌다고 상상해 보라. 공부를 하지 않는 것은 이것들을 사용해 맛있는 요리를 한 접시도 만들지 못하는 것과 같다. 공부라는 말을 들었을 때 성격 고약한 교사의 뻔한 수업을 떠올릴 게 아니라 자신에게만 열린 기회의 손길이라고 생각하면 좋겠다. 나 자신만의 스타일로 좋아하는 관심사부터 공부를 시작했으면 한다. 그때 이 책이 반드시 도움이 될 것이며 당신의 등을 뜨겁게 떠밀어 줄 것이다.

시라토리 하루히코

차례

제1장 '읽기'에서 시작하는 공부
생각하고 이해하고 의심하는 기술

조용한 장소에서 시간을 늘리는 방법

제3장

공부를 위한 환경

제4장

성인의 공부는 인생을 가슴 떨리게 한다
하고 싶은 일과 재능 그리고 지성

지금 무엇을 배워야 할 것인가
철학 사상과 종교

제
1
장

'읽기'에서
시작하는 공부

생각하고 이해하고 의심하는 기술

01
'생각하는 것'은
'읽는 것'으로부터 시작된다

읽는다는 것은 적극적인 행위다

———

혼자 공부하거나 연구할 때 가장 오랜 시간이 걸리는 것은 무엇일까.

'생각하는 것'이 아니다. 바로 '읽는 것'이다.

읽는다는 것은 생각하는 것에 비하면 간단한 일 같다. 하지만 '생각'할 수 있으려면 반드시 생각할 재료가 있어야 한다. 중요한 재료 중 하나가 책이다. 생각하기 위해서는 뭔가를 읽고, 읽어서 알게 된 것으로부터 자극을 받아야 한다. 자극 없이 자발적으로 생각하기란 거의 불가능하다.

18세기의 대표적 철학자인 임마누엘 칸트Immanuel Kant만 해도 '생각하는 방식에는 인간 특유의 버릇이 있다'고 주장한 흄의 회의주의 철학서와 영적 세계와 현실 세계를 오갈 수 있다고 주장한 스베덴보리Swedenborg Emanuel(1688~1772, 스웨덴의 철학자, 신학자, 과학자—옮긴이)의 책을 읽고 자극을 받아 자신의 대표 저서인 《순수이성비판》을 썼다.

읽기를 수동적인 행위라고 생각하는 경향이 있다. 하지만 읽기는 누군가에게 질문하는 것보다 훨씬 더 많은 노력이 필요한 적극적인 행위다. 물론 오락이나 실용서가 아닌 책을 읽는 경우에만 해당되겠지만 말이다.

책을 읽고 이해하기 위해서는 먼저 무엇인가를 알아내려는 자세가 필요하다. 그래서 안이하게 세상에 휩쓸려 살아가는 사람은 책을 읽지 않는다. 책을 읽지 않기 때문에 생각하는 연습도 할 수 없다. 생각도 하지 않게 되고 일상적인 판단이나 태도도 기존의 습관을 반복하거나 누군가를 모방하는 생활 방식을 취한다. 의외로 이런 사람이 적지 않다.

다른 사람을 흉내 내면서 한편으로는 어떠한 경우에도 매뉴얼이나 실용적인 기술로 대처할 수 있다고 착각한다. 매뉴얼이나 실용적인 기술은 기계를 다루는 데는 유효할지 몰라도 인간이 관여된 일에는 통용되지 않는데도 말이다. 당연히 독서에도 실용적인 기술 같은 요령은 통하지 않는다.

책 읽기에 있어서도 이게 최상이라고 말할 수 있는 기술은 당연히 있을 수 없지만, 타인의 독서 방식이 참고가 될 수는 있다. 즉 인간은 누구나 근본적으로 비슷한 구석이 있어 숙달된 사람의 방식이 자신을 더욱 숙련시키는 계기가 될 수도 있다는 말이다. 그렇지만 다른 사람의 방식을 안다고 해서 자신의 독서 의욕이 배가되지는 않는다. 독서에 있어 타인의 방식이란 독서 주변에 대한 것일 뿐, 독서의 중심에 있어서는 누구도 관여할 수 없다. 독서의 중심이란 자기 자신이 책을 읽는 행위를 말한다.

어떻게 하면 스스로 책을 읽을 수 있을까 하는 물음에는 누구도 대답할 수 없다. 책을 읽을지 말지는 오로지 그 사람의 의지에 달렸기 때문이다. 배가 고프면 밥을 먹을 텐데, 이는 식욕이 생존을 위한 욕구이기 때문이다. 하지만 책을 읽는 것은 인간이 지니고 있는 생존 욕구는 아니다.

책에서 무엇을 찾아낼 것인가

독서는 생존 욕구 자체는 아니지만 뇌의 굶주림을 채워 준다는 의미에서 생존 욕구에 가까울 수 있다. 뇌의 일부는 생각하기 위해 존재하기 때문이다. 뇌가 태어나면서부터 논리적인 문법을 갖추고 있는 이유가 말이나 문장을 음미하기 위함이 아니고 무엇이 겠는가.

그런데 옛날에는 어땠을까. 아주 오랜 옛날에는 지금처럼 책이 없었다. 고대에는 구전과 전승에 의해 부족의 역사가 이야기의 형태를 띠고 귀에서 몸 안으로 들어왔다. 이야기를 통해 계승되어 온 내용은 단순히 과거나 조상의 사례뿐만 아니라 윤리나 생활 방식을 포함한 종합적인 서적 같은 것이었다. 고대 사람들은 그런 이야기를 듣고 생각했다.

그런 구전이 현대에 이르러 책이라는 집약적인 형태를 갖추게 되었다. 오래전 부족의 장로나 할아버지로부터 전해 온 내용을 세분화하여 책으로 만들었다. 따라서 책을 읽으면 과거를 알 수 있다. 과거 사람들이 무엇을 생각하고 무엇을 상상했으며, 무엇을 바랐는지도 알게 되었다. 그런 의미에서 현대는 편리한 세상이라고 말할 수 있을지도 모르겠다.

고대인들은 선조로부터 이어 온 이야기를 그저 재미로만 듣지는 않았을 것이다. 그 역사나 이야기를 자신의 것으로 받아들이고 거기에서 뭔가를 간파했을 것이다. 간파는 멍하니 듣기만 하는 태도로는 불가능하다. 이는 말이나 문장 속에서 어떤 의미를 캐내는 작업이기 때문이다. 즉 스스로 행하는 적극적인 작업이며 자발적으로 생각하는 하나의 방식이다.

현대를 사는 우리도 마찬가지다. 책은 그저 놓여 있는 상태만으로는 종이 다발에 불과하다. 그런데 책장을 펼치면 난잡한 모양 같은 문자가 연이어 나온다. 그것을 소리 내어 읽어 봤자 경전을 외우거나 시를 낭송하는 정도의 의미밖에 없다. 어떤 내용이 적혀 있는지 아는 단계에 이르러야 우리의 머리가 작동한다.

독서가 수동적인 것이 아니라 적극적인 작업인 이유는 반드시 뇌의 작동이 필요하기 때문이다. 뭔가를 간파한다는 것은 더욱 고도한 작업이다. 독서가 인간의 머리를 활발하게 만드는 것은 이 간파라는 형태로 생각하기 때문이다. 물론 일상생활에서도 무의식적으로 간파를 행할 수 있다. 타인의 일상적인 언어 구사 방식, 태도, 표정, 행동에서도 그 안에 숨어 있을 법한 뭔가를 간파할 수 있지 않은가.

그런데 책과 마주했을 때는 거기에 적혀 있는 주제나 정보, 지식만 선택하면 된다고 생각하기 때문에 일일이 책을 읽는 게 귀찮아진다. 시간을 두고 책을 읽기보다 재빨리 인터넷에서 찾은 정보로 요점을 간추리고자 한다. 극단적으로 요점을 추출하는 데만 매달리다 보면 요약본이나 요점 정리만으로 모든 내용을 파악했다고 생각한다.

이는 자신의 주변 세계를 조잡하고 작은 가상세계로 만드는 것이나 다름없다. 지금 여기에 살고 있으면서도 이 세계를 제대로 살아가지 못하는 상태라 할 수 있다. 일반적으로 말하는 오타쿠는 그러한 작은 가상세계에 익숙해 있기 때문에 현실 세계에 적응하지 못하는 게 아닐까.

독서는 체험이나 지식을 얻는 수단이 아니다

———

어떤 노하우나 지식이 있다고 해서 모든 일을 처리할 수는 없다. 이를테면 인생에 대한 책을 읽었다고 인생을 고스란히 안다고 할 수 있을까. 인생의 일정 부분에 대해서는 어느 정도 납득할 수 있겠지만, 인생의 전부를 이해할 수는 없다. 자신이 하루하루 살아가는 것이 인생이기 때문이다. 그것을 대신해 줄 사람은 없다.

이와 마찬가지로 자전거에 관한 책을 읽는다고 해도 자전거를 직접 탔을 때 느끼는 몸의 감각은 절대 알 수 없다. 또한 책의 내용은 직접 읽지 않으면 모를 수밖에 없다. 자신이 나름대로 그 내용을 간파(사고)하지 않으면 어떤 책도 수많은 정보를 장황하게 적어 놓은 쓸데없는 물건이 되고 만다.

일반적으로 생각하듯 독서란 지식이나 정보를 얻는 수단이 아니다. 독서는 자신의 체험 가운데 하나일 뿐이다. 이런 개인적인 체험과 단순히 책의 내용을 요약한 것의 차이점을 실험해 볼 수 있다. 예를 들어 코맥 매카시Cormac McCarthy(미국의 소설가—옮긴이)의 소설 《피와 폭력의 나라No Country for Old Men》(우리나라에서는 '노인을 위한 나라는 없다'로 번역되었다.—옮긴이)의 첫 장면은 이렇다.

(보안관 보좌는) 의자에서 일어나 허리 벨트에서 열쇠 꾸러미를 풀고 책상 서랍을 열어 유치장 열쇠를 꺼내려 했다. 보안관 보좌가 살짝 등을 구부리고 있는 동안 쉬거는 천천히 몸을 웅크려 뒤로 수갑이 채워진 두 손을 내렸다. 그리고 연속 동작으로 바닥에 엉덩이를 붙이고 앉아 몸을 뒤로 기울

인 후 두 손을 엉덩이 밑으로 집어넣어 팔 안으로 두 발을 빼내고는 일어섰다. 마치 몇 번이나 연습한 동작처럼 보였지만 실제로 그랬다. 쉬거는 수갑의 사슬을 보안관 보좌의 목에 걸고 펄쩍 뛰어 두 무릎으로 목덜미를 가격하는 동시에 사슬을 강하게 잡아당겼다.

두 사람은 바닥에 쓰러졌다. 보안관 보좌는 목을 조이는 사슬 밑으로 두 손의 손가락을 욱여 넣으려 했지만 헛된 짓이었다. 쉬거는 바닥에 옆으로 누워 두 팔 사이로 자신의 무릎을 넣고 얼굴을 외면한 채 수갑의 사슬을 잡아당겼다. 보안관 보좌는 격렬하게 몸부림치며 쓰러진 상태에서 바닥 위라도 걷듯이 다리를 뻗대다가 몸을 회전시키고 쓰레기통을 걷어차는가 하면 의자를 방 저편까지 날려 보내기도 했다. 그의 다리에 부딪혀 문이 닫히고 작은 양탄자가 두 사람 사이에서 구겨졌다. 보안관 보좌는 컥컥대며 입으로 피를 토했다. 자신의 피에 의해 질식해 가고 있었다. 쉬거는 더욱 힘을 주었다. 니켈로 만든 수갑의 사슬이 목뼈에 파고들었다. 오른쪽 경동맥이 찢기고 피가 분수처럼 솟구쳐 벽에 부딪혔다가 다시 그 벽을 타고 흘러내렸다. 다리의 움직임이 둔해지다가 이윽고 멈췄다.

이 글을 읽고 잔인한 장면이라고 느꼈다면 체험을 한 것이다. 잔인하다고 생각한 것은 뭔가를 간파했기 때문이다. 특별히 의식한 것은 아니지만 말이다. 그런데 매카시의 이 글을 요약하면 어떻게 될까. '체포된 쉬거라는 인물이 보안관 보좌를 수갑으로 죽였다'쯤 될까. 좀 더 간단하게는 '쉬거가 보안관 보좌를 살해했다'는 정도일 것이다.

이런 요약에는 매카시의 개성적인 문장을 매미의 허물만큼도 느낄 수 없지 않을까. 그렇기 때문에 아무리 많은 명작의 줄거리 요약을 읽어도 뭔가 공허할 수밖에 없다. 그런 읽기 방식으로는 개인적인 체험, 즉 자신의 머리를 사용한 간파가 완전히 누락되기 때문이다.

02
지성을 쌓는 독서 비결

네 가지만 파악하면 잊지 않는다

———

스토리나 에피소드의 흐름을 쫓아가는 오락 책이 아니라 논리를 전개하는 책을 읽을 때는 다음과 같은 점을 확실히 파악해 두면 도움이 되고 시간이 지나도 쉽게 잊히지 않는다.

① 그 논리의 취지
② 논리의 근거
③ 논리의 전제가 되는 지식, 관점, 가치관과 그 논리가 발생된 역사적 배경

④ 그 논리의 구조(저자가 수많은 지식을 어떻게 연결하고 있는가)

최소한 ①만은 반드시 파악해 둬야 한다. 하지만 책의 취지나 주장은 내용을 꼼꼼히 읽지 않아도 해설이나 요약본을 보면 알 수 있다. 다만 그 요지가 정확하다는 보장은 없다.

②는 스스로 이해하면서 차분히 읽지 않으면 알 수 없다.

③은 그 책과 관련된 도서를 꼼꼼히 비교하여 읽고, 시대 고증과 영향을 준 서적을 읽는 등의 작업이 필요하다.

④를 알면 그 책의 독창성이 무엇인지 알 수 있다. 지식을 독창적인 방식으로 연결할 수 있는 사람이야말로 독창적인 저자이기 때문이다.

이해를 방해하는 세 가지 벽

논리를 전개하는 책을 읽고도 좀처럼 이해할 수 없다면, 왜 자신이 그 내용을 이해하지 못하는지 꼭 알아내야 한다. 대부분 기초 지식이 부족할 때 이해하지 못하는데, 거의 드물지만 책의 문장력이 엉망인 경우도 있다. 자신의 지식이 부족한지 아닌지는 충분히 자각할 수 있다. 또 한편으로는 자신이 강한 편견을 가지고 있을 때도 자각하기 어렵다. 그런 편견 때문에 내용을 이해하지 못하는 경우도 많다.

편견은 수차례에 걸쳐 오랜 시간을 두고 배양되어 왔기 때문에 생활 습관병과 비슷해서 금방 교정할 수 없다. 하지만 선호도와 관계없이 다양한 분야의 책을 읽다 보면 편견은 자연스럽게 엷어진다. 동시에 지식 부족도 해소된다.

다만 쉽고 말랑말랑한 책만 읽는다면 그런 효과는 기대할 수 없다. 자신에게 듣기 좋은 말만 해주는 사람만 사귀다 보면 자기 변혁을 이룰 수 없는 것과 같은 이치다. 책은 물질이라는 형태를 취하고 있지만 그 알맹이는 눈에 보이지 않으며 오직 책을 읽는 인간을 통해서만 그 가치가 드러난다.

03
뭔가를 이해한다는 것에 대해

일반적으로 '안다'는 것과 공부에서 '안다'는 것의 차이

———

"음, 네 말은 잘 알겠어."

이 말은 뭘 안다는 것일까. 아마도 상대방의 기분과 의지의 정도, 방향성을 안다는 것일 게다. 그러면서도 상대와는 여전히 일정한 거리를 두고 있다.

"알았어. 잘 알았다고."

이 경우는 상대방의 사정에 동감한다는 의미로 알았다는 것일 테니, 상대방에게 심리적으로 접근해 있다.

"이제 알았다고."

이는 알았다는 말을 하면서도 그 이상의 변명이나 설명을 차단하고 상대방을 멀리하려는 것이다.

"이제 드디어 알았다."

여기서의 '알았다'는 전체 내용을 이해하고 마음이 개운해졌다는 표명이므로 감탄이나 안도의 감정이 포함된 표현이다.

보통 우리는 '안다'는 말을 이런 의미로 사용하고 있다. 일반적인 '안다'와 책을 읽거나 공부를 해서 '안' 경우, 그 둘의 이해가 똑같을까. 우리가 스스로 독서를 하거나 자발적으로 공부할 때 무엇을 알고 무엇을 이해하고 싶은 것일까. 조금이라도 더 알려고 하는 미지의 것, 자신이 지금까지 완전히 이해하지 못했던 것에 대한 이해를 찾고 있는 것은 아닐까.

세 종류의 '이해한다'

———

그렇다면 우리는 무엇을 기초로 이해하는 것일까. 그중 하나는 잡다하게 보이는 대상을 명료하게 정리하고 분류할 수 있을 때다. 동물이나 식물의 분류 등이 이에 해당하는데 고대 그리스의 아리스토텔레스 이후 학문의 기초는 분류나 분석하는 것이었다. 일상에서도 돈을 재무제표를 통해 분류함으로써 들어오고 나가는 돈의 액수가 갖는 의미를 이해한다.

또 하나의 이해는 논리적인 앎의 방식이다. 순서를 따라가는 것, 시간을 쫓아가는 것, 인과관계로 연결되어 있는 경우 그것을 알았다고 생각한다. 이 논리적인 앎의 방식은 일상에서 다른 말로 사용된다. 즉 뜻이 통한다, 조리 있다, 그림이 된다, 아귀가 맞다, 시종일관하다 등등.

이를테면 논리에 아무런 문제나 비약이 없고, 모든 설명이 체계적으로 연결되어 있는 책을 읽으면 충분히 이해했다는 느낌을 받을 것이다. 그렇다고 해서 책의 내용이 옳다거나 사실에 닿아 있다고 말할 수 있을까. 반드시 그렇다고는 볼 수 없다. 조리 있고 논리적인 것과 옳다는 것은 관계가 없다. 하나부터 열까지 다 거짓말이라 해도 논리적으로 설명하는 것은 어렵지 않다. 아니, 거짓말이기 때문에 오히려 조리 있게 글을 쓰기 쉽다.

사기꾼이나 사이비 종교, 노하우에 많은 사람이 쉽게 속는 까닭은 조리 있고 언뜻 타당해 보이는 상대방의 설명을 옳은 것과 혼동하기 때문이다. 논리가 일관되기 때문에 모순이 없다. 인간은 그 반듯함에 매료되어 옳다고 착각할 수도 있다. 이는 얼굴이 반듯한 사람을 별다른 이유 없이 좋아하는 것과 매한가지다.

여기에 '이해'한다는 것의 신비함이 있다. 뭔가를 이해한다, 뭔가를 '안다'고 실감할 때 인간은 이성뿐만 아니라 감성이라 부를 수밖에 없는 것까지 합쳐서 생각한다.

구조가 명료해지는 것도 우리의 이해 범주 안에 든다. 이는 앞에서 언급한 논리적인 앎의 파생이라고 볼 수 있다. 예를 들어 엔진 기관에서 가솔린이 발화하여 폭발할 때마다 실린더가 눌리고, 다시 피스톤이 움직여 크랭크축의 회전에 연동하는 자동차의 구조를 알면 어떻게 가솔린으로 자동차가 달리는지 이해할 수 있다.

•

또 다른 이해는 일상적인 것과의 비교나 치환(바꿔 말하기)으로 '아는' 것이다. 이를테면 뭔가 새로운 것을 처음 듣는 사람에게 설명하고 가르치려면 치환의 일종인 비유를 사용하면 이해하기 쉽다. 다만, 비교나 치환을 통해 이해하기 위해서는 자신의 내부에 비교나 치환이 만든 재료와 경험이 있어야만 한다. 만약 그것이 처음부터 없다면 비교나 치환을 통해 아무리 설명해도 자신의 내부에서 그에 대한 대응을 찾지 못하기 때문에 완전히 이해하지 못한다.

칸트의 저작이 난해하게 느껴지는 이유 중 하나도 일상생활의 경

험과 비교하거나 치환할 수 있는 사례가 없기 때문일 것이다. 그럼
에도 칸트가 어떤 말을 하고 싶어 했는지 이해하는 사람이 있는데,
그들이 특별히 머리가 좋아서는 아니다. 칸트의 글을 읽으면서 머릿
속으로 나름의 비교나 치환 작업을 하는 것일 뿐이다.

비슷한 수준의 사례로, 서구문명의 문화적 이해가 없는 이슬람교
도가 서구적 민주주의를 이해하지 못하는 것은 그들 내부에 경험이
나 지식이 없고, 더 나아가 민주주의와 비슷한 개념조차 없기 때문
이다. 우리도 마찬가지다. 학습과 경험이 적을수록 이해하기 어렵다.

자신의 내부에 축적된 정보가 적기 때문에 이해하는 데 필요한
개념이나 경험, 지식도 없다. 이를 보완하기 위해서는 학습이나 사
회적 경험을 해야 하며, 그래도 부족할 때는 책을 읽어야 한다. 독서
는 자기 투자의 개념이 아니다. 독서의 가장 큰 의미는 자신과 타인
을 '알아 가기' 위한 것이다.

그런데 공부를 하고 책을 읽어도 좀처럼 알 수 없는 것도 있다. 그
것은 체험을 해야만 비로소 실감할 수 있다. 이를테면 스키의 재미
는 공부를 해도 알 수 없다. 섹스의 절정감도 체험하지 않으면 모른
다. 깨달음의 상쾌함 역시 직접 체험해 보지 않으면 모른다. '머리만
으로는 알 수 없다'는 말이다.

그런 것을 이해하기 위해서는 몸으로 직접 체험해 보는 수밖에

없다. 그러기 위해 인간은 육체를 가지고 이 세상을 살아가는 것이다. 육체 같은 물리적 체험에 의한 이해는 결코 낮은 단계의 이해가 아니다. 애당초 우리는 정신만으로는 이해할 수 없다. 몸과 마음으로 이해하는 것이다.

그래서 소설을 읽을 때 눈물을 흘리고 훌륭하다고 생각하면 얼굴이 빛난다. 어떤 상황에 대처할 때도 머리로만 이해하거나 감동을 받았다면 이는 제대로 됐다고 볼 수 없다. 따라서 비유는 반드시 물리적인 표현으로 되어 있다. 정신적인 것만으로 표현된 비유는 어디에도 없다. 인간은 정신만을 감지하거나 이해할 수 없기 때문이다.

04
읽고 이해하기 위한 여섯 가지 지침

1. 밑줄을 긋는다

책을 볼 때 밑줄을 긋는다. 책 한 권을 모두 읽고 나서 밑줄을 긋는 게 아니다. 정리된 챕터의 한 단락을 일단 읽고 나서 다시 돌아가 밑줄을 긋는다. 뒷장에 비치지 않는 필기구가 적당할 것이다. 나는 잘 깎은 4B 연필로 밑줄을 긋는다. 당연히 그 선은 진하고 굵다. 그래서 읽고 있는 책 사이에는 늘 연필이 끼워 있다. 단락마다 밑줄을 긋지만 책마다 단락의 길이가 다르다. 한 챕터가 한 단락인 경우도 있고 펼친 책장 전체가 한 단락일 때도 있다. 즉 읽으면서 긋는 것이 아니라 한 단락을 읽고 난 다음 밑줄을 긋는다. 밑줄을 긋는 부분은 독자에 따라 다를 것이다.

나는 논리를 서술한 책을 읽을 때가 많은데, 중요한 부분에는 자를 대지 않은 일직선, 의문이나 문제가 있는 부분에는 물결 모양의 밑줄을 긋는다. 밑줄을 그어야 하는 문장이 길게 이어질 때는 그 위에 사선을 긋는다. 밑줄을 그음으로써 논지가 또렷해지고 기억이 선명해진다. 나중에 참고할 부분을 찾을 때도 눈에 띄니까 찾기 쉽다.

또 밑줄을 그은 페이지에 포스트잇을 붙여 두면 나중에 찾기 쉽다. 종이 포스트잇보다는 얇고 잘 망가지지 않는 폴리에틸렌 인덱스가 적합하다.

2. 여백에 기록한다

———

책의 사방에 여백이 있는 것은 거기에 뭔가를 적기 위해서다. 무엇을 쓰든 상관없다. 내 경우는 다른 저자의 논리와 심하게 유사하거나 다른 점이 보였을 때 cf.나 vgl.(둘 다 비교, 참조를 의미) 같은 기호를 적어 둔다. 혹은 그 논리의 문제점이나 비판 등도 기록한다. 이 기록은 밑줄 이상으로 기억에 남는다. 밑줄을 긋거나 기록하는 행위만으로도 책에 대한 이해가 훨씬 깊어지는 효과가 있다.

자신이 몰랐던 학술 용어나 관용어구가 나왔을 때도 그 의미를 기록해 두면 편리하고, 한번 기록하는 것만으로도 머릿속에 남는다. 이해가 안 되거나 의문점이 있어도 그 단어나 문장 옆에 물음표를 적어 둔다. 물음표를 표시하면 나중에 조사하게 된다.

이런 식으로 책 한 권의 논리를 이해하려면 책이 지저분해진다. 그래서 직접 구입한 책만이 자신의 혈육이 된다. 도서관에서 빌린 책으로 공부할 때는 이 방법을 쓸 수 없다. 다른 경우와 마찬가지로 인색함이 결실을 맺지 못하는 것과 같다.

3. 필요한 자료를 준비한다

———

모르는 인물이나 지명, 역사적 내용이 나왔을 때 곧바로 조사할 수 있도록 각종 사전을 구비해 놓는다. 기타 역사 연표나 지도 같은 자료도 필요하다. 국어사전이나 외국어 사전 등은 두말할 것도 없다. 나중에 조사할 계획이면 해당 페이지에 쉽게 떨어지지 않는 포스트잇을 붙여 둔다.

포스트잇을 붙이는 방법은 각자 자신만의 규칙을 만들어 두면 편리하다. 예를 들면 중요한 페이지를 의미할 경우에는 그 페이지

위쪽에 세로로 붙이고, 조사가 필요한 부분은 그 페이지의 세로 변에 가로로 붙이는 식으로 말이다.

지명이나 나라 이름이 애매한 데도 안다고 생각하고 읽다 보면 경우에 따라 터무니없는 오해가 생길 수도 있다. 이를테면 로마제국과 신성로마제국은 페르시안persian과 친칠라chinchilla(1880년 영국에서 생긴 페르시안 개량종—옮긴이)의 차이보다 훨씬 크다. 같은 지명인데 국가와 시대에 따라 장소가 다른 경우도 적지 않다. 이스탄불처럼 같은 도시인데 시대나 지배 체제에 따라 이름이 바뀌는 경우도 있다.

더 나아가 어느 언어로 부르느냐에 따라 명칭이 비슷하거나 비슷하지 않은 것이 되기도 한다. 같은 산을 영어로는 에베레스트, 티베트어로는 초몰룽마, 네팔어로는 사가르마타라고 부르는 것이 좋은 예이다. 색채의 명칭도 국가나 문화권에 따라 가리키는 범위가 상당히 다르다.

일본인에게는 같은 파란색이라 해도 그리스나 러시아 사람에게는 물색이나 군청색은 다른 색이 된다. 인공적인 노란색, 이를테면 신호기의 노란색이 네덜란드 사람에게는 오렌지색이 되는 식이다. 이처럼 색채 감각의 차이는 번역서를 읽을 때 오해를 불러오는 원인이 될 가능성이 있다.

4. 전체상을 파악해 둔다

어떤 책을 읽다가 그 주제를 되새기거나 지식을 넓히고 싶을 때 책의 마지막에 있는 참고 문헌을 보면 도움이 된다. 그 서적들을 읽고 더욱 이해가 깊어지는 경우가 많다. 자신이 처음 접하는 분야라면 본문부터 읽지 말고 먼저 해설이나 번역자의 후기를 읽어 보는 방법이 좋다. 부록 같은 글은 항해를 위한 지도 같은 역할을 수행하기 때문이다.

그다음은 목차를 훑어봐서 대충이라도 전체 내용을 봐두는 것이 책의 이해를 돕는다. 확실한 목적을 위한 준비 작업으로 공부를 서둘러야 할 때는 텍스트를 하루나 이틀 안에 다 읽으려는 자세가 중요하다. 모르는 부분이 있어도 일단 전체를 봐두어야 한다. 전체 내용을 보는 것은 여행을 떠나기 전에 여행지의 지도를 보는 것과 같다.

공부를 하면서 자신이 지금 어느 정도까지 와 있는지 혹은 이 내용이 전체와 어떻게 연결되어 있는지 쉽게 알 수 있다. 그것만으로도 심리적인 여유를 가질 수 있다. 또한 자신의 진도와 속도를 파악할 수 있어 공부 계획도 쉽게 세울 수 있다.

공부는 질질 끌면 끌수록 지겨워진다. 피곤하지 않을 때 빨리 끝내도록 한다. 그러기 위해서는 강한 집중력이 필요하다. 발전적이지 못한 교우 관계나 상습적인 음주 등 공부에 집중하지 못하도록 방해할 만한 안 좋은 습관은 당연히 정리해야 한다.

5. 질문한다

———

학교에 다니는 학생이라면 모르는 부분을 선생님에게 질문할 수 있다. 하지만 성인의 공부에서는 그리 간단한 문제가 아니다. 더구나 성인이 공부하면서 생기는 의문은 그 분야의 전문가가 즉시 대답해 줄 수 있을 만큼 쉽지도 않을 것이다.

그래서 의문이 생기면 책에 질문해야만 한다. 즉 그 의문에 대한 답변을 해줄 만한 책을 찾아내는 것이다. 물론 이는 시간이 걸리는 성가신 작업이다. 그 시간을 아깝다고 생각하지 말고, 다른 사람에게도 부탁하지 말고 그때그때 스스로 해답을 찾아야 한다.

이것이 에둘러 가는 것처럼 보일지도 모르겠지만 결과적으로는 그렇지 않다. 이렇게 함으로써 스스로 조사하는 힘과 기술이 몸에 배기 때문이다. 이런 기술은 앞으로도 일이나 생활에서 다방면으로 응용할 수 있다.

일반적으로 이 능력은 대학에서 자연스럽게 익힐 수 있다. 하지만 자신만의 독자적인 생각으로 논문 등을 쓰고자 하는 학생에게만 해당할 것이다. 실제로 대부분의 학생이 학위 취득과 취업만을 목표로 하기 때문에 안이하고 요령 있게 인용과 표절 등을 통해 논문을 작성한다. 결국 조사 능력 등을 제대로 키우지 못한 채 졸업하고 만다.

포기하지 않고 어떤 의문을 풀기 위해 이것저것 조사하다 보면 문제의 본질이나 방향이 구체적으로 보이기 시작한다. 이는 자신이 훨씬 전망 좋은 곳으로 나왔다는 의미다. 이 과정에서 자신의 의문도 변용된다. 여기까지 도달하면 한층 더 재미있어진다. 이러한 조사는 끈기와 끝없는 탐구심을 배양할 수도 있다.

또한 그런 태도는 공부 외의 다른 일에도 좋은 의미에서 영향을 끼치게 된다. 안이하게 누군가에게 물어서 해답을 넙죽 받아먹기보다 스스로 조사하는 편이 훨씬 더 수확이 클 것이다. 구체적인 방법의 정석 따윈 없다. 일단 몇 종류의 백과사전으로 조사하는 것이 한결 빠르다. 백과사전을 읽다 보면 쉽게 찾을 수 있는 참고 문헌이 구체적인 실물에 해당한다. 책의 맨 마지막에 있는 참고 문헌을 주의 깊게 살펴 보자.

그러고 나면 줄줄이 몇 개의 길과 가능성이 보일 것이다. 자신이 흥미를 갖고 조사했기 때문에 별다른 노력을 하지 않아도 기억하고, 공부가 수월해지는 경우도 드물지 않다. 이때 자신이 어떤 것에 의문을 가졌든지 수많은 서적의 문제의식과 비교해서 과소평가해서는 절대 안 된다.

극히 사소해 보이는 의문이라도 별것 아니라고 마음대로 판단해서는 안 된다. 그 이유는 어떠한 질문에도 절대적인 단 하나의 해답이 숨어 있는 게 아니고 문화나 역사, 종교, 정치 등이 뒤얽혀 복잡하게 나타나며 지금까지도 밝혀지지 않은 것이 많기 때문이다.

6. 다시 읽는다

———

한 권의 책은 누가 읽든 결코 똑같지 않다. 자신이 언젠가 읽었지만 이해하지 못했던 책이 한참 지나고 나서도 여전히 알 수 없는 경우는 거의 없다. 왜냐하면 인간은 끊임없이 변하기 때문이다. 젊었을 때 어려워서 두 손 들었던 책이 어느 정도 나이를 먹고 나서 보면 너무나 쉽게 느껴지는 경우도 자주 있다.

지식과 사고방식 등이 넓어짐에 따라 언어를 이해하는 폭이 넓어지고 의미를 수용하는 방식이나 문제의식도 달라지기 때문이다. 책을 다시 보면 처음 읽었을 때보다 새로운 깨달음을 더 많이 발견할 테고, 책의 내용적인 구조나 개성이 확연해질 것이다.

하지만 이런 상황은 그동안 많은 책을 봤을 경우에만 일어난다. 그렇다면 책을 읽는 시간이 거의 없었던 사람은 계속해서 불리한 조건 속에서 살아야 하는 것일까. 그렇지 않다. 지금부터 읽기 시작해도 얼마든지 만회할 수 있다. 대학에 가지 않아도 책을 읽는다면 얼마든지 지성을 갖출 수 있다.

종교나 철학 분야의 책은 다시 읽었을 때 얻는 깨달음이 더욱 많아진다. 수학 계열의 책에 비해 개개인의 인생 경험에 따라 이해할 수 있는 여지가 상당히 크기 때문이다. 그런 의미에서 성인이 되어 공부했을 때 보람을 느낄 만한 분야라고 할 수 있다. 처음 다시 볼 때는 대충대충 읽어도 된다. 그러다 마음이 가는 부분을 목차에서 확인한 다음 그 부분부터 읽는다. 예전보다 확실히 이해된다면 그 부분과 연결된 곳도 읽는다. 그러고도 이해가 잘된다면 그대로 속독하면 된다.

이 독서 방식은 상당히 교활해 보이지만 학자들도 이렇게 읽는다. 두꺼운 책을 모두 꼼꼼히 읽을 수는 없다. 그러다가는 책 읽는 것만으로 인생이 끝나 버릴 수도 있다.

05
'생각하는 방법'을 능숙하게 구사한다

1. 연상한다 – 감정과 기억을 분리한다

생각하는 방법은 크게 다음의 네 가지로 나눌 수 있다. 연상한다, 쓰며 생각한다, 서서 생각한다, 긴장을 풀고 생각한다. 처음의 연상은 누구나 자연스럽게 한다. 하지만 '생각한다'는 것에 익숙하지 않으면 연상에 기억과 이미지, 자신의 감정적 반응이 뒤섞일 때가 많아진다.

이렇듯 여러 가지가 뒤섞이면 연상에 무거운 쇠창살을 박아 놓는 것과 마찬가지다. 연상이 자유롭게 날아다니지 못할 뿐만 아니라 늘 같은 장소로 내려오고 만다. 그리고 사람들은 이내 '역시 언제 생각해도 똑같은 결론이구나' 하고 끝내 버리기 십상이다. 연상을 사용한 사고라면 자신의 감정이나 기억 등은 옆으로 치워 두고, 좀 더 자유발랄하고 제한 없이 생각하는 게 좋다. 발명이나 비즈니스 발상의 근원은 자유로운 사고방식임을 잊지 말자. 이성적으로는 이 점을 알고 있으면서도 실제 자유로운 연상 사고를 할 수 없는 이유는 어떤 일이나 행동에 일정한 형식과 과정, 올바른 방법 같은 것이 틀림없이 있다는 강력한 착각 때문이다. 게다가 자신은 그 사실을 제대로 깨닫지 못하고 있다.

엉뚱한 발상을 하는 사람이나 예술가, 작가 등 일종의 문화인들이 다소 다른 사람처럼 보이는 이유는 그들의 행동이 이상해서가 아니라 나 자신이 융통성 없는 성격이거나 자유롭지 못하기 때문이다. 자기 자신이 자유로워지면 그에 따라 사고의 연상도 자유로워진다. 어떻게 하면 자유로워질 수 있을까. 그것은 온갖 일에 대해 '일일이 생각하지 않는' 것이다. '일일이 생각하지 않는다'는 것은 무슨 일이 벌어지거나 뭔가를 보았을 때 일일이 이러쿵저러쿵 마음속으로 감상을 말하거나 평가하지 않는 것이다.

물론 푸념도 일일이 생각하는 것에 포함된다. 타인에 대한 소문도 그렇다. 기분이나 신체의 사소한 불편함을 끊임없이 이야기하는 것도 그렇다. 날씨에 일희일비하는 것도 마찬가지다. 그중에서도 걱정하는 게 가장 독성이 강하다. 누군가를 걱정하는 사람은 마치 자신이 그 사람을 깊이 사랑하고 보호해 주는 듯한 기분이 든다. 하지만 실제로는 그 누군가에게 뭔가 나쁜 일이 벌어지기를 상상하는 것이다.

그러한 상상을 질리지 않고 끊임없이 반복하며 시간을 보낸다. 그리고 누군가가 무사히 돌아오기라도 하면, "어디 갔었어? 계속 걱정하고 있었잖아." 하고 진심으로 화를 낸다. 마치 나쁜 상황을 상상했던 게 중요한 일이거나 헌신이라도 되는 듯 말한다. 이런 태도는 어리석기 그지없다.

자신에 대한 걱정도 거의 마찬가지다. 좋지 않은 상상을 하며 불안해하거나 실망한다. 그 불안이나 실망을 위무하거나 얼버무리려는 데 또다시 많은 시간을 허비한다. 그사이 눈앞에 맞닥뜨린 문제는 딴전이 되고 만다. 이런 버릇은 심한 낭비벽과 같으니 반드시 버려야 한다. 이런 나쁜 습관을 버리면 생활이 달라진다. 책임감을 가지고 꼭 판단을 내려야 하는 일에 대해서는 심각하게 고민하고, 다른 일에 대해서는 판단을 유보한 채 그냥 인정하는 태도로 변할 필요가 있다. 그렇게 되면 기분도 흐트러지지 않고 하루를 개운하게 보낼 수 있다.

2. 쓰며 생각한다

    연상만으로 생각하려 하기 때문에 결국에는 생각만 하다 지쳐 피곤해지고 만다. 그렇지 않고 어떻게든 결론까지 도달하기 위해서는 쓰면서 생각하는 게 손쉬운 방법이다. 글을 쓰면 헛된 생각이 줄어들고 자기 좋을 대로만 생각하는 실수도 방지할 수 있다. 반드시 논리 정연한 문장을 쓰지 않아도 된다. 메모처럼 종이에 짧은 문장이나 단어를 쓰고, 그것들을 연관 짓기 위해 각 항목 사이에 줄을 치면서 생각하는 것이다.

    이런 방법으로 사고하면 감정이 북받치는 문제를 배제할 수 있다. 요컨대 맑은 정신으로 생각하게 된다. 이는 일을 하거나 회의를 진행할 때 종이에 메모하며 생각하는 경우와 같다. 사업가들은 머리로만 생각하면 실패할 확률이 많다는 것을 경험을 통해 너무나 잘 알고 있다.

    그렇다고 무조건 쓰면서 생각했다고 해서 곧바로 이성적인 결론을 얻을 수 있다는 말은 아니다. 몸이나 정신 상태 그리고 환경에 따라 글로 쓴 사안의 경중과 각각의 연관성이 달라지는 게 보통이다. 오늘 낮에 글로 쓰면서 생각했다면 다음 날 다시 읽어 보고 수정하거나 새로 써본다. 그리고 또 다음 날 다시 신중하게 보면서 보충하거나 삭제한다. 그렇게 메모된 내용을 보며 생각을 거듭하면 다음 날부터는 대충 생각이 정리된다.

3. 서서 생각한다

사람에 따라 서서 생각하는 편이 생각을 더 빨리 간결하게 정리하는 경우도 있다. 이것은 뇌의 혈류가 좋아지기 때문이다. 그런 의미에서 다리와 허리가 튼튼하고 허벅지가 빈약하지 않은 사람이 머리 회전이 빠르다. 소설 《노인과 바다》나 《킬리만자로의 표범》으로 유명한 미국 작가 헤밍웨이는 이런 유형에 해당해 서서 원고를 썼다.

혈류를 좋게 해서 머리 회전을 빠르게 하는 데는 철학자 칸트나 니체처럼 빠른 걸음으로 산책하면서 생각하는 방법도 효과적이다. 하지만 그들은 전문가라서 생각한 내용을 곧바로 기억해서 문자화할 수 있다. 보통 사람들은 쉽게 따라 할 수 없을지도 모른다. 어렵다면 지금 당장 의자에서 일어나 10분 정도 서서 생각하기에서부터 시작해 보자.

4. 긴장을 풀고 생각한다

———

　　일단 쓰면서 생각하다가 그날 밤 긴장을 풀고 다시 한 번 생각해 보면 새로운 국면이 떠오를 가능성도 있다. 이를테면 따뜻한 욕조 안에 몸을 담근 채 차분하게 다시 생각해 보는 것이다. 이때는 정말 긴장을 풀어야 한다. 즉 시간이나 어떤 사안에도 신경 쓰지 않는 완전히 해방된 상태가 필요하다.

　일체의 심리적 억압이 없으면 생각이 자유롭게 날갯짓할 여지가 생기기 때문이다. 소설 《티파니에서 아침을》으로 유명한 트루먼 커포티Truman Capote(1924~1984, 미국의 소설가—옮긴이)처럼 긴 의자 등에 누워 생각하는 사람도 있다. 커포티가 자신을 '완전한 수평 작가'라고 자조적으로 말한 것은 그런 의미에서다. 이 역시 긴장을 풀고 상상의 나래를 펴게 만드는 효과적인 방법이다.

　어떤 유형이라도 절박한 고민을 품고 있으면 긴장을 풀고 생각하기 어려워진다. 그래서 차분히 생각할 수 있는 사람은 축복을 받았다고 할 수 있다. 혹은 문제를 안고 있으면서도 그 문제를 자신의 마음 바깥에 둘 수 있을 만큼 담대한 사람은 그렇지 못한 사람에 비해 유리하다.

06
니체의 사상을 완성한 메모의 기술과 노트 사용법

다채로운 사상을 탄생시킨 니체는 어떻게 메모했을까

———

19세기 후반 유럽에서는 니체라는 독특한 사람이 태어났다. 그는 서른다섯 살에 스위스의 바젤 대학을 그만두고, 그로부터 10년 동안 여름이면 스위스, 겨울에는 이탈리아나 프랑스에 머물며 무수히 많은 원고를 썼다. 그는 그 고독한 10년간 문득 떠오른 짧은 문장을 작은 종잇조각에 자질구레한 것까지 모두 기록했다.

그 메모의 집적으로부터 그만의 다채로운 사상을 끌어냈던 것이다. 메모라는 것은 짧은 문장이나 어휘 수가 적은 글이 대부분이지만, 그것은 빙산의 일각 같다. 그 말 속에는 수많은 언어와 사상이 숨어 있기 때문이다.

　니체처럼 종잇조각에 기록하거나 혹은 노트나 수첩에 기입해도
마찬가지지만 뭔가를 어디에든 기록해 두지 않으면 자신의 공부에
아무런 쓸모가 없다. 아니, 쓸모를 운운하기 전에 일단 기록해서 남
겨 두지 않으면 생각한 것, 발상은 즉시 휘발되어 버린다.

노트는 좌우 페이지를 구분하여 사용한다

————

　그 기록 방법은 사람마다 제각각일 것이다. 노파심에서
한 가지 팁을 주자면, 노트 등에 뭔가를 쓸 경우 처음에는 펼쳤을
때 왼쪽 페이지에만 기입하는 게 일반적인 방식이다. 오른쪽 페이지
에는 아무것도 기입하지 않는다. 뭔가 나중에 기입할 필요가 있을
때 활용한다.

　즉 왼쪽 페이지에 기록한 메모에서 촉발되어 발전한 사고에 대한
문장, 그 메모와 관련된 사안, 그 메모에 대한 주석, 관련 도서 등을
오른쪽 페이지에 기입한다. 따라서 왼쪽 페이지는 기원, 오른쪽은
그것의 확대, 발전, 파생, 주석, 보충이 되는 셈이다.

　이런 식으로 노트나 수첩을 여유 있게 사용하지 않고 처음부터

빽빽하게 기입하면 모처럼 떠오른 발상이나 사고가 문자 속에 파묻혀 쉽게 잊혀질 수 있다. 그러므로 수첩을 쓰더라도 지면을 여유 있게 계획적으로 활용해야 하며, 그에 따라 1년에 몇 권의 수첩이 필요할 수도 있다.

학교에 다니는 사람이라면 노트를 이렇게 사용하면 효율적이다. 왼쪽 페이지에는 수업을 받으면서 적은 메모 등을 기입하고, 오른쪽에는 나중에 주석이나 설명을 기입한다. 이 방법만으로도 지식에 탄력이 붙고 기억력도 증대한다.

눈에 잘 띄는 장소에 펼쳐 둔다

────

다른 사람에게 보일 필요가 없는 사적인 메모인데도 꼼꼼하게 정리하여 컴퓨터나 스마트폰에 넣어 두는 사람도 있다. 하지만 그 방법은 시간이 걸리는 데다 기억의 매체에 따라 순간적으로 사라질 위험도 있어 마치 책장을 문으로 가려 버리는 것과 같다. 즉 어떤 것이 컴퓨터 안에 들어 있는지 잊기 십상이다.

하지만 메모란 자신의 의지와 상관없이 눈에 띄어 사고의 발상이나 발전을 초래할 가능성이 있으니 눈 앞에서 사라져 까맣게 잊어 버리면 그 장점이 사라지고 말 것이다. 하나로 묶여 있는 수첩이나 노트가 아니라 종잇조각에 메모하는 방법을 취한다면 그 메모를 쓰레기로 착각해서 버리지 않기 위해서라도 눈에 잘 띄는 장소에 펼쳐 놓아야 한다. 메모를 책상 위에 펼쳐 놓아도 좋고, 커다란 코르크 보드를 벽에 세워 핀으로 꽂아 두어도 좋다. 어떻게든 자신의 시야 속에 두지 않으면 다음 전개나 발상을 이어가기 어렵다.

수첩을 가지고 다니지 않는 나는 이런 방법을 쓰고 있다. 내가 적은 메모는 어떤 체계도, 관련성도 없어서 붙여 놓는 방식 자체도 난잡하다. 때로는 비망록의 역할도 한다. 이를테면 키보드에서 60센티미터 근처에 있는 세로 형태의 코르크 보드에 붙여 둔 크고 작은 종잇조각에는 다음과 같은 것이 적혀 있다.

'끝내기의 말하기 방식 벚꽃, 흐트러진 매화, 넘쳐흐르다 나팔꽃, 시들다 국화, 춤추는 동백, 떨어지다 목련, 무너지다'

'Schopenhauer 목제 국자의 장인이라는 의미의 성姓'

'일본의 에피스테메episteme(학문적 지식, 인식을 뜻하는 그리스어—옮긴이) 미나모토노 마코토源信(810~869, 일본 헤이안 시대의 귀족—옮긴이) 국가 체제'

'의미를 개발하는 읽기 방식 어린아이'

'1900~ 파렌테 일족 파렌테파이어웍스'

'식물 금기 신명 14-4-21'

'고대 히브리어 야다'

이처럼 내가 아닌 다른 사람은 그 의미나 연관성을 알기 어려운 짧은 메모 외에도 사고도思考圖나 사항의 관계도 등을 기록한 A4 용지가 코르크 보드 앞에 있는 얕은 접시 안에 몇 장이나 포개져 있다. 그 주위에 100개 정도 되는 필기구, 여러 종류의 포스트잇, 다양한 독서대 등 문구류 외에 CD 등이 있어 결코 르 코르뷔지에Le Corbusier(1887~1965, 스위스에서 태어나 프랑스에서 활동한 건축가 겸 가구 디자이너—옮긴이)의 가구가 어울릴 만한 깔끔한 책상은 아니다.

책을 한 권 읽을 때마다 정리하지만 집필하는 동안은 또다시 책상이 잭슨 폴록의 그림 정도는 아니지만 약간 카오스 상태가 된다. 내 경우는 메모가 단순히 한 가지 용도에서 머물지 않는다. 컴퓨터 앞에는 늘 몇 장의 A4 용지와 두꺼운 종이가 있어 집필하는 동안 문득 떠오른 생각이나 원고에는 쓰지 않았지만 기억해야 할 내용 등을 적어 놓는다.

이런 자질구레하면서 잡다한 메모에서 반드시 뭔가가 생겨나고 오랫동안 원고의 원천이 되었기 때문에 다른 사람에게는 하찮을지 모르지만 내게는 메모가 중요한 머릿속 저장고다.

책을 집필할 때도 메모를 참고한다. 구체적으로 어떻게 하느냐 하면, 우선 컴퓨터 화면에 단어나 짧은 문장을 세 개에서 다섯 개 정도 입력한다. 이 메모는 나란히 쓰지 않고 각각 다른 장소에 기재한다. 이미 그 단계에서 머릿속으로는 그 몇 개의 메모가 유기적으로 연결되어 있다.

밤하늘의 별들 사이로 자의적인 선을 연결하여 어떤 동물이나 물건 모양을 만드는 것과 비슷한 요령이다. 그 연결의 해설이 거기에 써야만 하는 문장이 된다. 덧붙여 이 항목에 대한 컴퓨터 화면상의 메모는 '메모 노트 사용법-높은 수준으로의 순화醇化'가 된다.

이렇게 하다 보면 나는 낮은 단계에서 높은 단계까지 네 종류의 메모를 사용하게 된다. 처음 메모는 막 떠올랐을 때 기록한 메모 종잇조각, 그 안에서 추출해 코르크 보드에 붙여 둔 메모, 그 메모에서 발전하여 A4 용지에 기록한 메모 그리고 컴퓨터 화면 속의 메모.

이렇게 메모들은 마치 증류하듯 순화되어 간다. 그리고 순화된 메모의 배후에 있는 것을 다시 한 번 꼼꼼히 다듬어 알기 쉽게 설명한 것이 마지막 작업인 문장이다. 니체도 이와 비슷한 작업 공정을 거쳤을 거라고 멋대로 상상한다.

07
자신에게 맞는 문장으로 바꿔 쓴다

나는 공부를 못하는 학생이었다

————

사적인 얘기를 하겠다. 나는 어린 시절부터 공부라는 것이 몹시 힘들었다. 교과서에 적힌 내용을 그대로 순순히 이해할 수 없었다. 참고서의 문장도 잘 알 수 없었고, 교사의 설명도 제대로 알아듣지 못했다. 학창시절 내내 나는 다른 학생들보다 훨씬 열등하다고 생각했다. 하지만 교과서가 아닌 책을 보는 것은 좋아했다. 헤르만 헤세Hermann Hesse(1877~1962, 독일의 소설가—옮긴이), 기타 모리오北杜夫(1927~2011, 일본의 소설가이자 의학박사—옮긴이), 가메이 가쓰이치로亀井勝一郎(1907~1966, 일본의 문학평론가—옮긴이), 고

바야시 히데오小林秀雄(1902~1983, 일본의 평론가—옮긴이), 토마스
만Thomas Mann(1875~1955, 독일의 소설가이자 문학평론가—옮긴이), 칼
야스퍼스Karl Theodor Jaspers(1883~1969, 독일의 철학자—옮긴이) 등의
책을 사서 늦은 밤까지 찬찬히 읽었다. 당연히 학교 공부를 할 시간
이 없었다.

　고등학생이 되어서도 교과서에 있는 문장을 이해할 수 없었다. 어
느 날 수학 교과서의 몇 줄을 도저히 알 수 없었다. 몇 번이나 반복
해서 읽고 또 읽고 나서야 이해할 수 있었다. 하지만 그 문장 자체
를 이해한 건 아니었다. 내 나름대로 문장을 바꿔 썼던 것이다. 그렇
게 하자 잘 이해할 수 있었다. 교과서의 문장은 세 줄 정도였지만 내
가 이해할 수 있도록 바꿔 쓰자 열 배 이상 되었다.

　그렇게 이해했다는 게 기뻐서 다음 문장도 내 나름대로 바꿔 써
보려고 했다. 그때 문득 생각했다. 이렇게 하면 교과서 한 권 전체를
바꿔 써야 한다. 게다가 문장이 열 배 이상으로 늘어나기 때문에 시
간도 상당히 걸린다. 결국 나는 교과서 문장을 전부 바꿔 쓰는 것
을 포기했다.

•

　일반 책은 문장을 읽으면 이해할 수 있는데 왜 교과서 문

장만 난해한 것일까. 아니, 왜 나한테만 난해하게 다가오는 걸까. 그 이유가 몇 가지 있었다. 즉 설명이 지나치게 추상적이고 간결하다. 그 설명만으로는 충분하지 않다. 구체성이 결여되어 있다. 그 문장에는 인간이 없다. 즉 문체가 없다. 그래서 문장에 매력도, 음악도 없다.

당시의 교과서는 단어와 술어투성이의 시시한 문장이 아무런 억양도 없이 그저 나열되어 있을 뿐이었다. 시시한 양복을 입은 회사원이 지루한 얼굴로 버스 정류장에 줄지어 서 있는 것처럼 말이다. 교과서의 문장이 그래도 상관없었던 것은 교사가 교과서를 보완하듯 설명하면 된다고 여겼기 때문이다. 이것이 관료들이 생각하는 학교 수업이었을 것이다.

•

외국으로 눈을 돌려 보면 지금 내 손 안에 있는 프랑스 고등학교의 철학 교과서 문장은 일본과 매우 다르다. 그 일부를 인용해 보자.

'수학자는 도형, 수, 크기, 집합 같은 존재로 이루어진 하나의 심적 세계에 살고 있다. 이들의 존재는 그냥 형태일 뿐, 결코 우리의 경험 세계에는 실재하지 않는다. 경험 세계에는 점이나 선과 같은 단순한 개념에 대응할 만한 것조차 전혀 없다. 거기에서 수학적 세계의 기원에 대한 문제가 생겨난다.'(P. 폴키에 《철학 강의》 '수학적 세계의 기원')

'수학은 순수한 사고의 산물이 아니다. 그것은 최초의 모든 관념을 경험으로부터 끌어낸다. 훗날 더할 나위 없이 추상적인 구성물마저 어떤 의미를 계속 유지할 수 있는 것은 이 경험 덕분이다.'

'수학자의 구성물이 모두 다 현실 세계에 꼭 들어맞는 것은 아니다. 그것은 현실과 조합하지 않으면 안 되고, 그 조합에 의해 그것이 유지될 만한 것인지 아닌지가 결정된다. 하지만 꽤 많은 경우 새로운 수학적 개념의 창조는 물리학 이론상의 요구에 의해 촉진된다.'(같은 책 '수학의 물리적 세계로의 적용')

'……(중략)……수학은 권리상의 확실성에 도달해 있고, 이 확실성은 또 수학적 혹은 형이상학적 확실성이라고도 불린다. 가설=연역적 체계는 현실을 사상捨象하므로 형식적 진리성에 의해 필연적으로 참이다. 가설로 성립된 공리계公理系(수학 이론의 기초를 이루는 공리 전체—옮긴이)가 인정되면 그 모든 결론을 거절하는 것은 모순된다. 어느 의미에서 정신은 이것에 의해 절대에 도달하는 것이다.'(같은 책 '수학의 진리와 확실성')

수학의 전제에 대해 이처럼 다른 방식으로 설명해 놓았다면 레슬

링 연습으로 녹초가 돼 있던 고등학생 시절의 나도 수학의 의의를
이해할 수 있었을 거라 생각한다. 물론 이때도 교과서의 문장을 내
가 알 수 있도록 내 방식대로 바꿔 썼을 것이다. 아마 내게는 그런
버릇이 있는 모양이다. 평소에도 상대방의 말을 그대로 이해하는
일은 거의 없다. 내 안에서 다른 말로 바꿔 이해한다.

바꿔 써서 이해한다

책을 읽을 때도 마찬가지다. 모든 문장이 그런 것은 아니
지만 중요한 부분은 나만의 문장으로 바꿔야 비로소 음미하고 이
해할 수 있다. 내게 맞는 문장은 기복이나 지형이 명료한 것이다. 즉
논리의 흐름과 강조점이 명확해진다는 말이다.

내게 있어 다른 사람의 문장은 너무도 평면적이라 색채와 형태가
애매하게 느껴진다. 따라서 정치가의 문장은 그대로 보면 이해할
수 없다. 마찬가지로 일반적인 회사 문서, 사용설명서 등도 그 상태
로는 이해할 수 없다. 하지만 세상 사람들은 그것을 어떻게든 이해
하므로 내가 오히려 더 이상할 것이다.

그런 내가 일본의 헌법조차 이해할 수 없는 것은 당연한 일이다.

제1조는 다음과 같은 문장이다.

'천황은 일본의 상징이자 일본 국민 통합의 상징이며 이 지위는 주권이 있는 일본 국민의 총의에 기초한다.'

호적도, 국적도 가지고 있지 않은 어느 한 인간이 상징이라고 적고 있다. 나는 그 말을 곧이곧대로 이해할 수 없다. 상징이라고 하면 그것은 반드시 사물이거나 관념이어야 할 테니까. 또한 '천황의 지위는 국민의 총의에 기초한다'라고 적혀 있다. 그렇다면 그 총의는 어떻게 확인할 것인가. 혹 몇 년마다 국민투표로 의사를 확인하는 것인가. 하지만 실제로 그런 국민투표는 없었으니 어쩌면 이 문장은 가공의 것을 서술하고 있는가.

내가 군이 우회적으로 조문條文(규정이나 법령 따위에서 조목으로 나누어 적는 글)의 문장을 야유하는 건 아니다. 읽는 사람에게 뭔가를 전해야만 하는 목적이 있는 문장치고는 체계가 없다고 느껴진다. 아마도 이 조문의 문장은 배후에 여러 정치 상황과 의도와 콘텍스트를 가지고 있을 것이다.

그렇다면 이 문장은 남편이 집으로 돌아와서 아내한테 단 한마디 "어이!" 하고 말하면, 아내가 남편의 마음을 눈치 채고 차와 신문을 가져다주는 정도의 이해를 요구하는 셈이 된다. 그것은 익숙하고 친밀한 관계에서만 통하는 호흡과 다르지 않다.

그런 내밀한 관계에서만 이해 가능한 수준의 문장을 헌법의 조문으로 삼아도 되는 건지 나는 솔직히 의문스럽다. 헌법이라면 문장 자체로 오해 없이 누구나 이해할 수 있는 수준이어야 한다고 생각한다.

왜 철학 문장을 어렵다고 느끼는 걸까

일반적으로 철학 책의 문장은 어렵다고 생각한다. 확실히 칸트의 《순수이성비판》처럼 문장의 구조가 뒤얽혀 있어 어렵게 느껴지는 경우도 있다. 야스퍼스의 문장은 좀 더 추상적이라 어렵다는 인상을 줄 것이다.

하지만 철학서라고 모두 그런 것은 아닌데, 예를 들어 쇼펜하우어Arthur Schopenhauer(1788~1860, 독일의 철학자—옮긴이)의 문장은 어렵지 않다. 그런데도 쇼펜하우어가 어려운 것은 모든 일을 일반적인 상식으로 생각하는 버릇이 배어 있는 사람에게 있어, 철학의 새로운 사고방식을 수용하는 게 어렵기 때문으로 보인다. 그것은 새로운 춤에 반발을 느끼는 것과 마찬가지다.

내게 철학서에 있는 문장은 그 문장 자체로 이해할 수 있도록 쓴 거라고 본다. 그래서 다른 언어로 번역해도 이해할 수 있다. 내 경우는 내 나름대로 문장을 번역해서 이해한다. 그러한 이해의 연장선상에서 쓴 것이 《초역 니체의 말》이었다. 니체의 번역서는 옛날부터 많이 있었다. 학자들이 저마다 충실하게 독일어를 번역했다. 그 노고와 능력이 대단하다고 짐작한다. 그들의 부단한 노력이 가져다준 수혜를 우리가 누리고 있는 것이다.

문화적 보물이라 불러도 좋을 번역서가 이미 있음에도 불구하고 내가 나만의 표현으로 초역超譯(의역을 뛰어넘어 본문의 가감까지 포함함으로써 읽기 쉽고 알기 쉽게 번역한 것을 의미하는 일본식 표현—옮긴이)한 이유는 니체의 문장에 현대적인 음악의 문체를 부여하고 싶었기 때문이다.

학자들의 충실한 번역은 독일어를 아는 사람에게는 무척이나 도움이 된다. 하지만 일반 사람들에게는 어떨까. 원서의 한 문장을 일본어 한 문장으로 번역하고 정리하는 노력은 훌륭하지만, 그럴 경우 일본어가 너무 길어질 수도 있고, 독자들이 뒤엉킨 문장을 제대로 이해하는 것도 쉽지는 않다.

그렇다면 쉽게 이해하기 위해서는 긴 문장은 짧게 하면 된다. 내용이 잘 정리되도록 문장을 보충하면 된다. 오늘날에는 잘 사용하지 않아 친숙하지 않은 단어나 표현을 피하고 현대적인 어법으로 바꾸면 된다.

강조해야 하거나 인상에 깊이 남아야 하는 부분은 약간 다른 표현으로 설명하거나 반복하면 된다. 특유의 철학적 표현이 나오면 그 내용을 예시적으로 설명할 수 있는 말투로 바꾸면 된다. 나는 그런 초역적 개조가 니체의 의사에 반하지 않는다고 믿었다. 왜냐하면 그는 철학을 일종의 시적 표현이라고 생각했기 때문이다.

나는 문장이나 표현에 음악적인 요소를 포함시켰다. 언어적 감각으로서의 음악이다. 그렇지 않으면 현대의 젊은 사람들 귀에는 와닿기 힘들기 때문이다. 게다가 삶을 긍정하면서 새로운 가치를 몸소 창조하려 했던 니체의 적극적인 분위기를 나타내기 위해 전체적으로 밝은 톤을 유지하기로 했다. 그렇게 하기 위해 그의 건강 상태가 좋았을 때 쓴 문장을 많이 선택했다.

내 초역본이 나오고 나서 다른 저자들의 비슷비슷한 초역본이 많이 출판되었다. 나는 기대하면서 몇 권을 보았지만 낙담하지 않을 수 없었다. 예전부터 수없이 있어 온 명언집이나 설교집을 묶은 것에 불과했기 때문이다. 그 저자들과 출판사는 내가 철학서를 초역할 때 다른 것을 보고 흉내 내다 보니 저절로 터득한 기술로 쓴 게 아니라, 먼저 자신이 잘 이해하기 위해 쓴 개인적이고 절실했던 결과물이라는 사실을 몰랐을 것이다.

08
내향적인 공부, 외향적인 공부

고등학교까지의 공부와 어른의 공부는 다르다

———

공부와 연구에는 두 종류가 있다. 내향적인 공부와 탐구형 공부다. 내향적인 공부의 전형은 소위 말하는 오타쿠의 공부일 것이다. 그들이 취미 삼아 극히 협소한 사안에 대해서만 몰두하기 때문에 내향적이라고 말하는 것은 아니다. 기존에 있는 기성의 것에 대한 지식만 늘리기 때문에 내향적인 공부인 것이다.

좀 더 짓궂게 말하자면 오타쿠는 기존의 지식을 앵무새처럼 반복하는 것에 불과하다. 게다가 내용도 상당히 불충분하다. 이를테면 어느 한 오타쿠가 애니메이션이나 군사, 철도 등에 대해 아무리 많은 지식을 축적해도 그 지식의 유용성은 어중간한 백과사전의 별책 부록 정도밖에 안 된다. 그저 부분적인 동어만 반복하기 때문이다. 그 내향성의 대립에 선 탐구형 공부란 탐구를 통해 깊이 나아가는 공부다.

탐구란 대상 속에서 지금까지 보지 못했던 사실을 발견하는 것, 대상에 대한 지식을 새롭게 조합하여 완전히 새로운 것으로 만들어 보는 것, 대상을 새롭게 해석하여 또 다른 매력과 한계를 도출해 내는 것 등이다. 요컨대 지식들 사이에 지혜를 끼워 넣어 지식의 형태를 새롭게 정리하는 것이 탐구다.

학문이라면 모름지기 탐구가 있어야만 한다. 예를 들어 박사 논문은 하나의 독자적인 탐구의 성과다. 기존의 지식을 다시 한 번 서술하는 것은 학문이 아니며, 애당초 아무짝에도 쓸모없다. 그런 의미에서 오타쿠적인 공부는 자폐적이고 무익하다.

고등학교까지의 공부는 전체적으로 내향적인 공부라고 할 수 있다. 대학 3학년이나 4학년 무렵부터 비로소 탐구를 포함한 공부가 조금씩 세미나 등에서 시작된다. 하지만 사람에 따라 이미 10대부터 스스로 의식하지 못한 채 탐구라는 형태로 모든 것과 마주하는 경우도 있다.

어쨌든 이 탐구라는 행위가 가능해지면 다른 많은 사안에 대해서도 쉽게 응용할 수 있고, 일을 비롯해 손대는 모든 것을 재미있게 만든다. 왜냐하면 탐구란 대상과 재료에서 새로운 의미를 도출하는 동시에 새로운 가치를 이끌어 내기도 하기 때문이다.

탐구가 인생을 재미있게 한다

———

그것을 단적으로 보여 주는 예가 우수한 책이다. 책의 재미란, 독자로 하여금 저자가 이끌고 있음을 깨닫지 못하게 하면서 탐구의 복잡한 길을 더듬어 결국에는 지금까지 보지 못했던 지평에 서게 해주는 것에서 생겨난다.

그런 의미에서 어떤 페이지를 펼쳐도 크고 작은 탐구로 되어 있는 책이 독자를 가슴 떨리게 한다. 뛰어난 추리소설이 독자를 즐겁게 해주는 것도 탐구의 방식이 매력적이기 때문이다. 물론 영화나 연극 무대에서도 이 탐구의 정도가 많이 포함되어 있을수록 관객을 강하게 끌어당기는 힘을 갖게 된다.

이러한 독서나 관람 때 탐구의 재미는 확실히 절반 이상 수동적인 것이다. 그래도 우리는 자각하지 못한 채 탐구의 재미를 몸에 익힌다. 그다음부터는 그와 유사한 재미에 감응하고, 다른 장면에서 그것을 찾으려고 한다. 그러므로 책을 포함해 예술 작품을 접촉하는 것은 조용히, 확실하게 자신을 바꿔 가는 행위다.

자격증이나 수험 공부가 힘들지 않은 공부의 기술

공부에 있어서도 탐구의 요소가 많을수록 깊이 나아갈 수 있는 것은 당연하다. 수험이나 자격증 공부가 매번 고통스러울 수밖에 없는 이유는 주어진 범위의 기존 사안을 기억하는 게 주가 되는 비탐구형 노력을 강요당하기 때문이다. 그런데 그 고통을 최대한 줄이고 탐구의 재미를 가미하기란 그리 어렵지 않다. 어떤 공부를 하든 기초 지식을 학습할 때 그 주변을 자세히 조사해 두는 수법이다.

예를 들어 핵심 열쇠가 되는 몇 가지 용어를 반드시 기억해야 한다면 평소에는 거의 쓰지 않는 한자 용어를 뚫어져라 쳐다보며 어떻게든 기억하려 애쓸 것이다. 그럴 때는 그 용어가 만들어진 배경이나 어원을 조사하거나 외국어에서의 표현이나 사용법을 조사해 본다. '오성'悟性(지성이나 사고의 능력, 감성 및 이성과 구별되는 지력知力—옮긴이)이라는 말이 있다고 하자. 요즘에는 잘 안 쓰는 말이라 의미도 확실히 알 수 없고 어렵게만 느껴지지만, 그 말이 메이지 시대明治(1868년부터 1912년까지 일본의 근대화 시기—옮긴이)에 독일어를 번역해서 만든 단어이고 영어 표현은 너무나 쉬운 understanding임을 알게 된 순간, 의미와 내용까지 선명하게 이해되어 암기하려 하지 않아도 머릿속에 깊이 남는다.

역사적인 사건이라면 동시대 다른 나라의 사건이나 시대 배경도 차례차례 조사해 본다. 그 당시의 사진집을 펼치고 거리 분위기나 사람들의 모습을 보며 그 시대의 문학이나 예술을 조사하는 것이다. 이렇게 함으로써 이해가 입체적이 되고, 별다른 노력을 하지 않아도 연호까지 기억할 수 있다. 단지 머릿속에 연표를 담는 게 훨씬 더 곤란하고 괴로울 것이다.

이런 공부 방식을 따르면 자신이 흥미를 느끼는 폭이 한층 확대된다. 그와 동시에 온갖 의문도 솟구친다. 그것을 결코 소홀히 여겨서는 안 된다. 공부의 중심에서는 벗어나 있어도 의문에 대한 해답을 찾아 계속 조사해야 한다. 그러면 전체상이 보다 선명하게 보인다. 그 과정에서 세부적이고 기초적인 것이 어렵지 않게 해결되고, 전체와의 연결이 갖는 의미 역시 확실히 머리에 남게 된다.

이런 식으로 탐구를 적용해 보는 것이 내향적이고 괴로운 노력에 경도되어 있는 공부를 밝고 흥미진진한 것으로 만드는 방법이다.

제
2
장

'읽는 것'이 무기가 된다

무엇을 어떻게 읽을 것인가

01
니힐리즘에 빠지지 않기 위해

어떤 '지'知도 시대의 틀 안에 있다

———

우리는 다양한 교육기관에서 교사의 가르침을 받을 뿐, 인생이나 지금 몸 담고 있는 사회 혹은 인간에 대해 배우는 것은 아니다. 자신의 경험이나 눈에 보이는 사람들의 행동을 통해, 즉 관찰하면서 그보다 훨씬 더 많은 것을 알게 된다. 학교라는 곳에서 배운 것보다 훨씬 많은 지식과 깨달음이 관찰을 통해 쌓인다. 그렇게 해서 인생이란 무엇인지, 사회란 어떤 것인지, 인간이란 무엇인지 자신의 내부에서 확립시켜 간다.

때문에 작은 지역사회에서 살면 그 안에서 벌어지는 일이나 그에 대한 사람들의 반응에 의해 자신의 지식이 형성된다. 물론 그 지식은 그 지역사회에서는 충분히 통용된다. 하지만 그 지역사회의 밖에 있는 입장에서 보면 그러한 지식은 하나의 편견에 불과하다.

대도시에 사는 사람이 지방의 협소한 사회에 사는 사람의 생각이나 행동을 보고 촌뜨기라고 여기는 것은 당연하다. 지방의 작은 사회에서 통용되는 지식보다 도시에는 훨씬 넓은 지식이 있기 때문이다. 그 지식에 동반되는 넓은 가능성을 동경하여 지금도 시골의 젊은이들은 도시로 나온다.

그렇다고 도시의 지식이 가장 넓고 깊으며 뛰어난 것은 아니다. 도시의 지식 역시 그곳에 사는 사람들의 행동이나 사고, 즉 도시의 문화 전반에서 생겨났기 때문에 거기에 걸맞는 넓이밖에 갖지 못한다. 도시뿐만 아니라 대부분의 지식은 늘 시대의 틀 안에 있다. 그 나라, 그 문화가 만든 그 시대의 가치관, 윤리관, 지향성 등에 걸맞는 넓이를 지닌다.

덧붙여 《지의 고고학》을 쓴 프랑스의 철학자 미셸 푸코는 이런 지식을 그리스어로 에피스테메(지知)라고 부른다. 내가 이것을 번역한다면 '시대의 공통지'共通知라고 할 것이다.

'돈벌이가 안 되는 것은 의미가 없다'고 말하는 니힐리즘

———

그런데 그런 지식은 사람을 니힐리즘에 빠트릴 가능성이 내재되어 있다. 라틴어로 '무'無를 의미하는 니힐에서 파생한 니힐리즘은 '허무주의'라고 번역되는 경우가 많지만, 단순히 모든 가치에 대해 허무함을 느끼는 것을 니힐리즘이라 말하지 않는다.

니힐리즘은 사상가에 따라 개념에서 상당히 큰 폭을 가지고 있으며 어떤 개념이 옳다고 말할 수는 없다. 여기에서는 많은 사안에 대해 가치를 도출해 내지 못하는 상태를 넓은 의미에서 니힐리즘이라고 하겠다.

그렇다면 어째서 시대의 지식은 우리를 니힐리즘에 빠트리기 쉬운 것일까. 이를테면 현대의 자본주의적인 지식에서는 경제적 유용성에 합당하다면 가치가 높은 것으로 여긴다. 다음으로 가치를 부여하는 것은 사회적 유용성이다. 가치의 히에라르키Hierarchie(피라미드 꼴의 계급 지배 제도. 상하 관계가 엄한 조직이나 질서를 가리키는 독일어—옮긴이)에서는 경제성이 늘 우선시된다.

이처럼 가치에 등급을 매기는 상황은 간단히 니힐리즘을 만든다. 이 경우로 말하자면 경제성과 관계없는 사고방식이나 행동에서는 가치를 찾아낼 수 없다. 현실 앞에서 돈벌이로 연결되지 않는 행동이나 생각은 무가치한 것으로 여기기 때문이다. 자본주의적인 지식에 지배되고 있는 현대뿐만 아니라 기독교주의적인 시대나 장소에서도 그런 이유로 니힐니즘이 생겨난다.

아무튼 강한 주의와 주장이 그 시대나 장소를 석권해 버릴 만한 상황이라면 혹은 어떤 사상이 대다수의 지지를 얻고 있다면 그것을 계기로 니힐리즘은 얼마든지 생겨날 수 있다. 절대적인 것처럼 보이는 강력한 지식이나 권위적인 주의, 주장의 내용물은 무이며, 그 근거도 덧없기 때문이다.

정치적 혹은 종교적인 강력한 지식이 아니라 항간에 유행이 될 만한 지식도 마찬가지로 알맹이는 무에 가깝다. 이를테면 현대 일본에서 통용되는 오래 사는 것이 좋다는 주장도 텅 빈 껍데기일 수밖에 없다. 단명하든 장수하든 애당초 의미가 없다.

의미나 가치는 누군가가 부여하는 게 아니다. 자신이 거기에서 의미나 가치를 찾아내지 않으면 주변에서 아무리 좋다한들 그 어떤 의미와 가치도 갖지 못한다. 어떤 장소든 자신이 살면 도시가 되는 것이고, 자신이 애착하는 사람이나 동물, 물건이나 기억이 나 자신에게 의미와 가치를 지니기 때문이다.

그런 식으로 자신이 의미와 가치를 부여할 수 있는 삶을 살아가면 니힐리즘에 빠지지 않는다. 니힐리즘에 빠지는 것은 누군가로부터 무엇인가를 부여받고, 그 무엇인가의 의미와 가치에 대한 설명을 들은 다음 그것을 믿고 살아가려고 하거나 그렇게 하지 않으면 살아갈 수 없는 상태를 말한다. 나는 현대에 있어서 그 전형이 이슬람교의 과격주의 테러리스트들이라고 생각한다.

테러리스트들의 깊은 허무

그들은 전 세계를 이슬람교로 만들려 한다. 알라야말로 진정한 신이며, 무함마드야말로 진정 최후의 예언자이기 때문에 이슬람교만이 옳다고 말한다. 그래서 전 세계 사람들 위에 군림하며 그들로부터 세금을 징수하고 싶어 한다. 폭력과 공갈을 행사해 개종과 세금을 요구하는 수법은 7세기 아라비아반도에서 수많은 전쟁과 투쟁을 반복한 무함마드와 다를 바 없다.

세계를 개종하려는 움직임이라서 마치 종교적인 행위처럼 보인다. 하지만 거기에 있는 것은 종교적인 열정이 아니다. 무無를 유有인 것으로 증명 받고 싶어서 하는 굴절된 행위다.

그들이 정말로 종교적이라면 자신들의 바깥쪽에 있는 사람들로부터 가치를 인정받고 싶어 말도 안 되는 억지 행위는 하지 않을 것이다. 실제로 굳건한 신앙이 있다면 자신들의 믿음만으로 충분하다. 하지만 그들은 이교도가 자신들이 숭상하는 무함마드의 캐리커처를 그렸다는 이유만으로 가혹한 폭력을 휘두르고 있다.

자신들에게 신앙이 있다면 왜 바깥쪽 사람들이 어떻게 바라보는지 신경 쓰는가. 이는 자신들이 가치와 의미가 있다고 여기는 종교적인 사안에 대해 바깥쪽 사람도 같은 가치와 의미를 찾아내야만 한다고 생각하기 때문이다.

이 자체가 그들이 인정하는 의미와 가치가 바깥에서 부여함으로써 성립되고 있음을 말하고 있다. 그래서 이교도들에게 인정받지 못하면 몹시 불안해지고, 사소한 캐리커처만으로도 미친 듯 분노한다. 그들의 폭력은 이슬람교가 이교도에게 인정받거나 최고로 평가받을 때까지 계속 타오를 것이다.

그러한 테러리스트들의 허무는 깊다. 의미와 가치를 어떻게 찾아낼지 모르기 때문에 타인을 간단히 죽일 수 있고, 스스로 자폭하여 죽는 짓도 서슴지 않는다. 전사하면 반드시 천국에 갈 테고, 천국에서는 처녀와 성교할 수 있고, 술과 과일도 즐길 수 있다며 온갖 종교적인 이유를 대지만, 그 이면에는 현재의 삶에서 아무런 의미와 가치를 찾지 못하는 것이다.

왜 그런가 하면, 원래 이슬람교는 의미와 가치를 위에서 부여하거나 강제하는 특징이 있다. 그들의 종교 명칭 자체가 본질을 드러내고 있다. 이슬람이란 '절대 복종'을 의미한다. 또 이슬람교의 성전인 《코란》에서는 인간의 모든 행동이 이미 하늘의 책에 기록되어 있다고 가르친다.

무슨 일이 벌어져도 알라의 뜻인 것이다. 그들은 내일 자신이 하는 행동조차 '인샬라'(신의 뜻대로)라고 말한다. 자신은 책임이 없고 모든 것을 알라의 계획대로 행할 뿐이다. 다만 알라의 계획이 무엇인지는 사전에 알 수 없다.

이런 가르침에 의해 인간은 자유 의지를 갖지 못하고 그 결과도 책임 지지 않는다. 인간은 하늘의 책에 기록된 운명에 복종할 수밖에 없다. 그 가르침을 믿는 자는 스스로 뭔가에서 의미나 가치를 찾아낼 수 없다. 이것이 철저한 니힐리즘이 아니고 무엇이랴.

이슬람교도는 생활 전반에서도 위에서만 의미와 가치를 부여한다. 이를테면 세수부터 성교에 이르기까지 모든 자질구레한 행동이나 순서에 대해서도 무함마드의 행실을 똑같이 따라 한다. 무함마드의 행실은 제2의 성전인 《하디스》에 자세히 나와 있고, 부족장은 일반 교도에게 그것을 가르친다. 남자 교도의 대다수가 수염을 기르는데 이 역시 무함마드의 외모를 모방하는 것이다.

책을 읽는 것이 무기가 된다

이러한 니힐리즘, 즉 자기 자신이 의미와 가치를 찾지 않아 생기는 니힐리즘은 비단 이슬람교에만 존재하는 것이 아니다. 지금도 전 세계에서, 각 가정의 구석구석에도 있다. 일본에서도 정부가 도덕이나 개인의 생활 방식까지 간섭한다면 니힐리즘에 빠지는 사람이 더욱 늘어날 것이다.

하지만 니힐리즘을 타개할 방법은 있다. 확실한 방법 중 하나는 책을 읽는 것이다. 왜냐하면 책을 읽는 것은 그 책에 쓰여 있는 것을 곧이곧대로 다 받아들이는(곧이곧대로 다 받아들이면 결국 니힐리즘에 빠진다.) 것이 아니라 그 글 속에서 어떤 의미나 가치를 헤아리는 적극적인 행위이기 때문이다.

물론 같은 책을 읽는다 해도 각자의 환경이나 생활방식에 따라 의미를 추출하는 방식은 다르다. 하지만 책을 읽음으로써 적어도 스스로 의미와 가치를 헤아리는 연습을 할 수 있다. 또한 동서고금의 온갖 책을 읽음으로써 다양한 지식과 가치관을 접하고 현재 상황을 타개할 실마리로 삼을 수 있다.

폭넓은 독서를 통해 어떤 것도 결정되어 있지 않다는 것을 인식함으로써 자신에게 중요한 새로운 의미와 가치를 일상의 요소요소에서 자유롭게 찾아낼 수 있다. 그것이 곧 니힐리즘을 극복하는 첫 걸음이 될 것이다.

02
독서를 통한 변신

어른이 된다는 것은 사물을 보는 방식이 변한다는 것

———

책을 읽으면 사람이 변한다. 왜일까. 무엇이 사람을 변하게 만드는가. 책에서 추출해 낸 지식이 사람을 바꾸는 것인가. 대개 그렇게 생각한다. 분명 책에서 얻은 지식은 당장의 사고방식에 어떻게든 영향을 미칠 테지만, 인격을 완전히 바꿔 버릴 만큼 강력하거나 오래 지속되지는 않는다.

책을 읽음으로써 사람이 변하고, 인격이 변용되는 이유는 그 책에 의해 인식, 즉 사물을 보는 방식이 훨씬 크게 변하기 때문일 것이다. 애당초 인간은 전 생애에 걸쳐 끊임없이 변화해 가는 생물이 아닐까. 누구든 과거의 자신과 현재의 자신은 인식 면에서 상당히 다르다. 이를테면 예전에는 재미있었던 것이 지금은 별다른 흥미를 느끼지 못하는 경우가 있다. 인식이 변했기 때문이다.

어떠한 변화도 없이 옛날과 그대로인 사람은 거의 없다. 만약 인식의 변화가 너무나 미미하거나 그 변화가 또래에 비해 상이한 경우는 '아이 같은 어른'처럼 보인다. 그래서 '어른이 된다'는 것은 인식이 변하는 것이라고 바꿔 말할 수 있다.

한 권의 책으로 변하는 사람, 백 권을 읽어도 변하지 않는 사람

그렇다면 책을 읽지 않는 사람은 어떨까. 그 사람은 동물과 마찬가지로 경험에 의해 인식이 바뀌게 된다. '경험하지 않으면 모른다'고 말하는 경험주의자들이 있지만, 그 말은 그다지 설득력이 없다. 자기 혼자만으로는 경험의 질도, 양도 제한된다. 수명은 한정되어 있고, 하나하나 모든 경험이 몸에 배는 기간도 한정되어 있기 때문이다.

그렇게 시행착오를 겪으면서 경험을 쌓는 것보다 다양한 독서가 더 유익할 때도 있다. 왜냐하면 독서 역시 내적 경험 혹은 내적 체험의 하나로 포함시켜도 되기 때문이다. 독서를 체험에 포함시키는 것에 대해서는 이론의 여지가 있을지도 모르겠다. 하지만 만약 체험이 아니라면 《성서》를 읽고 회심回心(과거의 생활을 뉘우쳐 고치고 신앙에 눈을 뜬다는 기독교적 용어로 이 책에서는 사용되었다.—옮긴이) 한다는 것을 이해할 수 없다.

회심하는 모두가 신비를 체험하는 것은 아니기 때문이다. 물론 자각할 수 있을 만한 특수한 신비 체험은 많지 않을 것이다. 그렇다면 《성서》를 읽고 나서 하는 회심은 독서에 의해 인식이 변화하는 특징적인 사례라 할 만하다. 물론 일반적인 독서도 인식을 바꾸는 힘을 충분히 가지고 있다. 책 한 권을 읽을 때마다 인간은 변해 가는 것이다.

그래도 인식이 전혀 변하지 않는다면 아마도 책에서 지식이나 줄거리 같은 표면적인 쓰레기만을 퍼올리기 때문일 것이다.

03
지식과 내적인 힘을 늘리는
지름길, 정독

다독을 자랑하기보다 한 권을 정독하라

———

공부를 잘할 수 있는 가장 확실하고 효과적인 방법이 한 가지 있다. 자신이 사는 세계에서 널리 통용되는 말을 최대한 깊게 아는 것이다. 즉 일본에서 산다면 일본어를 모르면 안 된다.

모국어가 일본어인데 일본어가 능숙하지 못한 사람이 갑자기 외국어를 잘하게 되는 경우는 결코 없다. 일본어가 미덥지 못하면 거의 모든 분야에 걸친 공부에서 미덥지 못한 상태가 된다. 상대방이 하는 말의 맥락도, 세부적인 내용도 어렴풋이 이해할 뿐만 아니라 넓은 의미에서 사회생활에도 지장을 초래하게 된다.

대개 공부의 기초는 용어나 문장을 이해하고 문법적으로 최대한 올바르게 이해하거나 사용하는 것에서부터 시작된다. 요컨대 일반적인 읽기와 쓰기다. 읽기와 쓰기를 일상생활에서 배우려고 하면 편협하거나 오류투성이의 읽기와 쓰기가 몸에 밴다. 그처럼 왜곡된 일본어 표현은 텔레비전에서, 길거리의 싸움에서, 누구나 정보를 올리는 인터넷에서도 범람하고 있다. 한편 정상적인 일본어 표현은 정상적인 수준의 책 속에 있다.

우리가 일상에서 사용하는 언어는 부정확한 경우가 많다. 왜냐하면 일상에서 언어를 사용할 때는 관계자가 있는 상황을 전제로 하고, 상대방의 이해 수준에 맞춰 언어를 선택하므로 생략과 상호 통용되는 대명사, 은어를 많이 사용해도 되기 때문이다. 우연히 옆자리에 앉은 타인의 대화 내용을 정확히 알아들을 수 없는 이유도 바로 여기에 있다.

우리 자신이 이미 그 사실을 깨닫고 있기 때문에 타인이 읽는 게 전제되는 문서를 작성할 때는 격식을 차려 문법적으로 올바른 언어를 사용한다. 하지만 그럴 때도 300자 이상의 글을 짧은 시간 안에 올바르게 쓸 수 있는 사람은 그리 많지 않다. 물론 대체로 글 쓰는 게 익숙하지 않고 모두가 글을 쓰는 전문가도 아니라서 손쉽게 글을 써나가지 못한다.

일반적인 공부에 있어서는 문장을 쓰는 능력과 기술보다 먼저 문장의 내용을 이해하는 힘이 큰 역할을 담당한다. 거기에 어떤 내용이 쓰여 있는지 곧바로 알아야 하기 때문이다. 문장에 나오는 다양한 술어나 용어, 명칭을 모를 수도 있지만, 어쨌든 큰 줄기를 모르면 안 된다.

그것은 산길에 적혀 있는 '낙석 주의' 등의 경고 문구에서 생략된 내용에 있어서도 마찬가지다. 여기서의 낙석은 위에서 돌이 굴러 떨어진다는 게 아니라 이미 굴러 떨어진 돌을 의미하지만, 그 의미를 모르더라도 그 주위가 위험하다는 큰 뜻만 알면 된다.

처음 배움의 길에 들어선 사람에게 책이란 일단 이렇게 큰 뜻으로 이해하는 게 일반적이다. 외국 영화도 관객들이 그 정도의 큰 뜻으로 이해하는 좋은 사례다. 영화의 자막은 대사 표현의 뉘앙스를 너무나 많이 생략하고 있어서 관객은 영화의 전제, 즉 배경이 되는 종교, 정치, 차별, 문화적 투쟁을 거의 모를 수밖에 없다.

이런 이유로 영화를 볼 때도 자신이 이해하는 정도가 공통적으로 하는 이해와 다를 수 있다. 책도 그런 경우다. 같은 책을 읽어도 이해하는 것은 백이면 백 모두 다르다. 그 100명의 해석과 이해가 저마다 개성적이라는 의미는 아니며, 각자 자신의 수준에 따라 영화나 책의 내용을 이해할 수 있다는 말이다.

왜 그런가 하면 일본어로 적혀 있는 용어나 말투가 무엇을, 어떤 것을 의미하는지 모르기 때문이다. 정확한 의미를 알지 못한 채 어림짐작하고 자기 나름대로 이해와 해석 같은 것을 끌어낸다. 그런 사례가 아마존의 리뷰에도 가득하지 않을까. 애당초 리뷰어는 책에 쓰인 일본어를 제대로 이해하지 못한 경우가 적지 않다.

그런 수준으로는 아무리 책을 많이 읽어도 환상밖에 생기지 않을 것이다. 보통은 많이 읽을수록 이해력과 통찰력이 늘어난다. 만약 그렇지 못하다면 역시나 자신이 사용하는 언어의 최소한의 의미조차 이해하지 못하는 건 아닌지 의심해 봐야 한다.

•

그렇게 되지 않기 위해서는 역시 책을 읽을 수밖에 없다. 그런데 책을 많이 읽었다고 양을 자랑할 필요는 없다. 일단 한 권의 책을 시간을 들여 정독精讀해야 한다. 정독한다는 것은 한 글자 한 구절에 눈길을 주고 거기에 쓰여 있는 모든 내용을 알고자 하는 읽기 방법이다.

지명이 나오면 지도를 펼치고, 인명이 나오면 인명사전을 펼치며, 모르는 도구나 식물이 나오면 도감이나 백과사전을 찾아 용어의 의미를 하나씩 확인한다. 그러면서 책의 여백에 기록하고, 표현의 의미를 조사하며, 종합적으로 문체, 즉 문장의 특징을 토대로 작성된 글의 사상적 핵심을 파악하고 더 나아가 시대 배경까지 캐내는 것이다.

보통 이 수준의 정독은 대학에서 외국 문헌을 교재로 소수만 행하는 작업이다. 외국 대학에서도 라틴어로 된 고전 문헌 등을 재료로 이와 같은 작업을 한다. 다만, 일본 대학에서 하는 정독의 속도보다 몇 배나 되기 때문에 학생들은 사전 준비를 하는 데 많은 시간을 들여야 한다. 따라서 마지막까지 따라가는 학생은 30퍼센트 정도밖에 안 된다.

이런 정독은 반드시 우수한 지도자 밑에서 해야 하는 것은 아니다. 혼자서도 충분히 할 수 있다. 처음에는 하루에 열 줄에서 몇 십 줄 정도밖에 진척되지 않을 것이다. 하지만 그렇게 느린 행보는 처음 한두 달뿐이다. 미리 조사한 지식이 축적되고 뒷받침되다 보면 점점 가속이 붙어 반년에서 1년 정도면 한 권의 정독이 끝날 것이다.

예를 들어 내가 오토 보르스트Otto Borst(1924~2001, 독일의 역사학자─옮긴이)의 《중세의 일상》을 정독할 때 어떻게 했는지 말해 보겠다. 그 책 첫 장의 한 단락이다.

현대적인(그리고 고대 그리스 로마=헬레니즘적인) 의미에서의 개인이라는 것을 중세에는 알지 못한다. 그것은 중세 문학이 비극을 모른 채 지나왔다는 것으로 충분히 알 수 있다. 개인이 신적 인간적인 질서에서 벗어나 있다는 점에서만 숙명적이고 비극적인 죄를 지닌다는 대립이 문제가 되었던 것이다. 중세라는 시대는 기독교적, 교회적인 평안 질서와 구제를 확신했다는 점에서 비극과는 무관했다. 수난극의 클라이맥스는 희생으로써의 죽음이 아니라 그리스도의 부활 장면이다.

이 몇 줄의 단락이 말하는 요지는 '중세에는 개인이라는 개념이 없었다'는 것이다. 하지만 우리가 읽은 이 부분에 나오는 '헬레니즘적', '비극', '신적 인간적인 질서', '기독교적, 교회적인 평안 질서와 구제', '수난극', '희생으로써의 죽음', '그리스도의 부활'에 대해 잘 알고 있을까.

만약 정확히 모른다면 그 단어들이 무얼 의미하는지 하나씩 조사해 봐야 한다. 그것이 정독의 기본이다. 하지만 굳이 그렇게까지 알 필요는 없고 대강 큰 뜻만 알아도 충분하지 않을까 생각한다면, 그것은 고등학교 수준 정도의 임시변통이며 어중간한 지식으로 세계를 애매하게 이해하는 것만으로도 자신의 인생이 충분하다고 말하는 셈이다.

방금 보르스트 글만 봐도, 타인에게 설명할 수 있으려면 확실하게 잘 알지 못하는 몇 개의 단어를 사전만 잠깐 펼쳐 보는 정도로는 끝나지 않는다. 특히 '희생으로써의 죽음'이나 '그리스도의 부활'을 정확하게 이해하려면 안이한 해설서만으로는 불가능하고, 기초가 되는 《신약성서》를 꼼꼼히 읽어 봐야 한다. 이 예문의 한 줄이나 두 줄을 이해하기 위해서라도 다른 책을 몇 권 더 읽을 필요가 생긴다는 의미다.

역시 이 방법은 아주 성가셔 보인다. 시간도 걸린다. 실리적인 다른 것에 시간을 쓰는 편이 좋을 것 같기도 하다. 애당초 종교 서적을 읽는 게 자신과 무슨 관계가 있을까 하는 생각마저 들 것이다.

정독으로 새로운 힘이 몸에 밴다

———

그래도 이런 정독은 많은 이득을 가져다준다. 우선 하나의 일과 진득하게 마주하고 관철시킬 수 있는 힘을 배양해 준다. 그런 힘을 가진 사람이 결코 많다고 할 수는 없다. 대부분의 사람은 뭔가를 얻는다는 목적, 이를테면 시험에 합격한다, 자격을 취득한다, 돈을 번다 등의 목적을 위해 공부를 한다. 목적을 달성하는 것이 주안점이기 때문에 공부는 시험에 나올 법한 사항을 이해하고 암기하기만 하면 된다.

이런 유형의 공부는 목적을 획득하기 위한 수단으로써의 도구일 뿐이다. 그 자체가 좋은 것도 나쁜 것도 아니지만, 뭔가를 배우는 것이 늘 수단에 불과하다는 사고방식이라면 그것은 이미 허무주의(니힐리즘)일 수밖에 없다. 이런 사고방식이 몸에 깊이 배어 버리면 무슨 일을 해도 불만족과 깊은 허무를 느끼게 된다. 어쨌든 인생의 대부분의 것이 수단이나 도구로 변해 버린다.

이 세상에 만연한 어떤 비결을 운운하는 서적은 대부분 허무주의를 은밀하게 퍼뜨리고 있다고 해도 과언이 아니다. 왜냐하면 그 비결대로 행동하는 자기 자신도 어느새 하나의 도구로 변해 버리기 때문이다.

어느 정도 나이가 든 사람이 새삼스레 인생의 의미나 목적을 묻는 일이 적지 않게 일어난다. 이는 어떤 철학적인 의문을 품고 있어서가 아니라 자신이 물들어 있는 허무주의로부터 벗어나고 싶은 마음이 무의식적으로 내재되어 있고, 거기에서 탈출하고 싶다는 비명으로 그렇게 행동하는 것이다.

그런 사람은 지금까지 차곡차곡 올라온 사다리가 전망 좋은 높은 지붕이나 종루에 걸쳐 있는 게 아니라, 하늘을 어둡게 뒤덮을 만큼 바로 앞까지 솟아 있는 콘크리트의 회색 벽에 걸쳐 있음을 깨달은 것이다. 자신의 내부에 잠복해 있는 진실에 대한 욕구를 무시하고 사회와 조직의 요구에만 대응하는 수동적인 인생을 산다면 자연히 그렇게 되고 만다.

인간이 이런 상태에 빠지는 것은 비단 현대인에게서만 보이는 현상은 아니다. 12~13세기에 쓰인 '성배 탐구'聖杯探究라는 이야기에 허무에 젖은 인간들이 묘사되어 있다. 몇 가지 변종이 있는 이 영웅담은 기사가 많은 사람을 구한다는 줄거리다.

'성배 탐구'에서 기사가 맞서는 것은 성배의 성城이다. 그 성의 왕은 소위 말하는 불능의 상태에 빠져 있다. 왕국에서 일하는 사람들에게 기개가 없는 것은 물론이고, 매너리즘과 의무만으로 움직인다. 그것은 성배를 잃어버렸기 때문이다. 보물인 성배에는 파워가 있었던 것이다.

이런 식으로 표면적인 것만 훑다 보면 만화영화의 스토리처럼 보인다. 하지만 이 이야기는 전체가 암유暗喩이며, 성배가 상징하는 파워의 의미가 중요한 역할을 수행한다. 그 파워는 사람들에게 힘을 주는 특별하고 희한한 것은 아니다. 여기에서 말하는 파워란, 사실각자 자신의 내부에 감추고 있는 자발성과 의욕을 가리킨다. 즉 이

나라는 왕을 비롯한 신료들과 백성이 세습과 인습이라는 시스템에 전적으로 의존한 채 자발적으로 살고 있지 못해서 나라 전체가 활기를 잃은 상태다.

이 날카로운 지적의 암유는 시간과 장소를 뛰어넘어 현대인의 생활 방식까지도 시사한다. 이를테면 사회에 나올 때 우리는 대부분 자신의 자발성을 억압한다. 일자리를 구할 때도 급여의 안정성과 사회보장을 가장 우선으로 해서 직장과 기업을 선택한다.

그런 사람은 사실 무엇을 하고 싶은가 하는 자신의 자발성을 통째 무시하고 있다. 그래서 아무리 시간이 흘러도 일을 좋아할 수 없게 된다. 자신을 위한 직업이라고 생각하지 않는다. 그러면서도 매달 들어가는 생활비 때문에 일을 계속하고, 경제적으로 안정되어 있기는 하지만 뭔가 개운하지 못한 일상을 보낸다. 이것이야말로 성배의 파워를 잃은 상태와 같다.

지금까지의 자신을 정독으로 변화시킨다

그렇다면 어린아이는 인생에 대해 물을까. 묻지 않는다. 왜냐하면 일상에서 자신이 성장하고 변화해 가는 것만으로도 벅찬 상태이고, 성장해 가는 자신에게 매일매일 충족감을 느끼기 때문이다. 물론 여기서 말하는 성장은 키나 체격이 커지는 게 아니라 자신이 자발적으로 하고 싶은 일을 곧바로 실천하고, 그때그때의 경험으로 인식과 해석이 확대되어 가는 것을 의미한다.

그런데 대부분의 성인에게는 그런 의미에서의 성장이 사라진다. 세상의 온갖 세파에 찌든 성인일수록 자발성이 적고, 그저 생활에 필요한 임금을 얻기 위해 자신을 솜씨 좋게 도구화하기 때문이다. 그런 성인들은 톱니바퀴가 어긋난 구식 기계와 비슷하다. 종업원으로 항상 같은 일을 하고 비슷한 수단을 사용하며 똑같은 반응을 보인다.

또한 일상의 루틴을 안정으로 생각하는 경향이 있는 데다 신체의 컨디션에 따라 기분이나 감정에만 기복이 있다. 그것은 질적으로 불안정한 도구와 같다. 그렇기 때문에 현실에서 작업을 정교하게 할 수 있는 기계로 대체되는 것이다.

자신이 도구화되어 있다는 사실을 자각하지 못하는 사람은 무슨 일이든 손쉬운 방법이나 비결을 원한다. 출세의 비결, 소규모 장사로 성공하는 비결, 돈을 버는 비결, 인간관계를 원만하게 할 수 있는 비결, 병에 걸리지 않고 건강할 수 있는 비결, 행복의 비결…….

비결을 원하는 이유는 어쨌거나 매사를 손쉽게 처리할 수 있을 거라 생각하고, 어떤 일도 특별한 방법이나 비결 같은 지름길이 틀림없이 있다고 착각하기 때문이다. 누구나 비결만 알면 손쉽게 할 수 있다고 생각한다. 비결이나 방법이 각자의 능력이나 인격과 밀접한 관계가 있다는 데까지 생각이 미치지 못한다.

무엇을 어떻게 하면 이렇게 된다는 혹은 항상 똑같은 결과를 얻을 수 있는 비결은 단순히 기계적인 작업에만 해당된다. 물론 인간이 관여하는 아주 사소한 일도 그리 단순하지 않으며 항상 같은 결과를 얻을 수도 없다.

그런데 어떤 특별한 비결을 운운하는 책이 유행하는 것은 뭔가를 할 때면 응당 거기에 맞는 수순이 있을 거라는 믿음에서 비롯된다. 어쩌면 묘한 신앙 같은 믿음은 학교 교육을 통해 배양되었는지도 모른다. 즉 어떤 문제라도 하나의 정답이 있고 해법의 수순이 정해져 있다는 교육이 모든 교과목에 적용되어 왔기 때문이리라.

그렇다면 정부의 의도대로 충분한 결과를 얻었다고 할 만하지 않을까. 모든 일을 정해진 틀대로 해야 한다고 반복하는 교육은 순종적인 직원과 공무원을 키우는 데 가장 적합한 훈련이기 때문이다. 그래서 많은 사람이 경우에 따라 자신이 소비자나 납세자로 불려도 그것을 모욕이라 생각하지 않는 감성을 지니게 되었다.

애당초 이런 정부 관료의 의도와 교육 방침 자체가 허무주의다.

그리고 그들의 목적은 단 하나, 세금으로 자신들이 편안하게 살 수 있는 생활을 보장 받는 일이다. 그래서 그들은 납세納稅라는 말을 사용하지, 불세拂稅라는 말을 쓰지 않는다.('납세'의 '납納'은 '거두어 들인다'를 뜻하고, '불세'의 '불拂'은 '지불한다'는 의미라서 주체가 다르다. 저자는 세금을 거두어 들이는 측과 지불하는 측의 관점의 차이를 말하는 것이다.—옮긴이) 국민 주권은 단지 명분일 뿐이다.

이러한 체제에서 교육 받고 살아가는 사람들은 무슨 일이든 비결로 처리할 수 있다고 믿는 수동적인 태도를 지닌다. 또한 수동적인 태도로 살아가는 이들은 자각하지 못하지만 실은 마음속으로는 깊은 허무감을 품고 있는데, 그러한 허무를 메우기 위해 자신의 외부에서 수많은 쾌락을 찾는다.

뭔가 비결을 원하는 사람들의 큰 특징 중 하나가 과거 한 번도 자신만의 힘으로 뭔가를 해보지 않았다는 점이다. 자신만의 힘으로 어떤 일의 높은 수준까지 도달한 경험이 있는 사람은 그 비결이라고 주변에서 떠들어대는 것이 그림의 떡이라는 사실을 이미 잘 알고 있다. 비결이 효과적이었다면, 예를 들어 숙련공의 기술도 비결로 만들 수 있을 것이다.

그런 의미에서 홀로 시작하는 정독은 과거 자신의 안이하고 자발적이지 못했던 일 처리 방식이나 사고방식을 부정하는 행위가 된다. 비결도 없고, 목표도 없이 홀로 어둠 속을 걷는 과정이다. 보수도 없다. 그래서 헛된 노력이나 낭비처럼 보일지도 모르는 행위다. 그래도 역시나 정독에는 의미가 있다. 왜냐하면 지금까지 해본 적 없었던 정밀한 독서 방식을 통해 과거의 자신을 크게 뛰어넘어 새로운 자신을 만들 수 있기 때문이다.

지금까지는 뭔가에 의지해 이미 누군가가 깔아 놓은 길만 걸어온 자신, 정해진 재료를 적당히 분배 받아 만들었으면서도 마치 창조한 것처럼 생각하는 자신, 무슨 일이든 정해진 틀과 정답 혹은 정통과 최고가 있는 게 당연하다고 생각했던 자신, 틈틈이 시간을 내어 무슨 일이든 할 수 있다고 생각했던 자신 등 이 모든 자신이 세속적이다.

어휘를 늘리는 것은 다양한 무기를 손에 쥐는 것이다

책 한 권을 최대한 정밀하게 읽는 행위만으로 어떻게 자신을 바꿀 수 있을 것인가. 정독은 많은 지적 경험과 발견을 가져다주고, 그로 인해 자신의 인식이 완전히 새로워질 수 있다.

우선은 언어다. 정독할 때 사전을 뒤져 가며 단어의 의미를 정확하게 알고 이해함으로써 어휘의 양이 비약적으로 늘어난다. 풍부한 어휘는 곧바로 사고력을 확대시키는 요인이 된다. 왜냐하면 인간은 이미지와 언어로 생각하기 때문이다.

어휘에 의해 사고방식이 확대되면 예전보다 훨씬 많은 가능성을 갖는 것으로 직결된다. 모든 일을 다면적으로 보는 것이 훨씬 쉬워지고, 그로 인해 더욱 다양한 대처 방법과 해결책을 찾아낼 수 있다. 어휘 양이 많다는 것은 다양한 무기를 손에 쥐고 있는 것과 다름없다.

자신이 흥미를 느껴 자발적으로 사전을 찾아 조사하고 이해한 말이나 용어는 큰 저항 없이 기억할 수 있다. 그렇지만 학교 등에서 배운 말이나 용어는 좀처럼 머릿속에 들어오지 않는다. 교사로부터 반쯤 강요된 형태로 받아들인 결과다.

이 세상에 이름을 남긴 많은 사람이 학교 교육 시스템과 친숙하지 못했다는 것을 이를 통해 알 수 있다. 그들은 자발적으로 참여한 일에서는 놀라운 성과를 보이지만 외부에서 일방적으로 주어진 것은 기꺼워하지 않는다.

학교 교육에서 우수한 성적을 거두는 학생의 태도는 그와 반대로 수동적이다. 주어진 것을 아무런 의문 없이 곧이곧대로 받아들일 뿐, 스스로 손에 쥐려고 하지 않는 경향이 있다. 그런 유형은 장차 조직에 봉사하는 인간으로는 유능해 보인다. 다만, 이때의 유능함이란 조직에 딱 적합한 도구로써의 의미를 갖는다.

정독의 기본이 되는 책에 나오는 말이나 용어를 하나하나 조사하며 읽다 보면 어렴풋이 이해했던 것과는 전혀 다른 의미를 갖는 새로운 문장이 튀어나오는 것을 실감할 수 있다. 혹은 일상에서 가볍게 사용하는 말, 이를테면 정의, 평화, 사랑, 동정, 진리 같은 말이 그 책에서는 통념과 다르거나 때로는 보다 깊은 의미로 사용된다는 것도 알게 된다.

예를 들어, 괴테가 만년에 집필한 유명한 작품 《파우스트》에서 여성이라는 말은 단순히 한쪽 성별을 의미하는 게 아니라 인간을 구원하는 전적인 사랑(아가페)을 강하게 의미하는 식이다.

그런 사실을 알게 되면 어떻게 될까. 당연히 내일 당장 필요한 생활비를 버는 용도로는 쓸 수 없다. 하지만 세계를 바꾸는 데는 큰 도움이 될 것이다. 세계를 바꾼다는 이 말은 암유도, 과잉된 표현도 아니다. 그 이유는 자신의 눈앞에 펼쳐진 세계의 양상과 그 의미를 자신이 지니고 있는 지식의 양과 깊이가 형성하는 인식의 방식으로 얼마든지 바꿀 수 있기 때문이다.

그것은 세계의 재발견인 동시에 자신의 재발견이기도 하다. 눈에 보이는 것이 변하기 때문에 그에 따라 자신도 계속 변해 간다. 단순히 평범하게 책을 읽어도 이런 변화는 생겨나지만, 정독은 이 변화를 더욱 강하고 격렬하게 만든다.

정독을 위한 책으로 무엇을 선택하면 좋은가
———

정독하기 좋은 책은 어떤 것이든 상관없다. 어떤 책을 정독하더라도 문장과 단어가 지닌 정확한 표현의 의미를 알기 위해서는 보다 광범위한 많은 책을 접해야 한다.

한 단어 한 단어를 꼼꼼히 조사하며 읽어 가는 정독은 거북이걸음과 비슷해서 능률적이지 않다고 여길 수도 있다. 좀 더 효율적으로 혹은 많은 지식을 얻을 수 있을 만한 양서를 몇 권 골라 독서하는 편이 더 낫지 않을까 생각할지도 모른다.

만약 양서로 여기는 고전을 100권 아니 50권을 정독하지 않고 평범하게 읽는다고 치자. 물론 감동과 발견, 경이, 지식을 얻을 수 있고 특별한 체험도 할 것이다. 젊은 사람들은 경제활동으로 가족을 부양하지 않아도 되는 이 시기에 반드시 이런 체험을 해야만 한다. 앞으로 그런 독서 체험이 여러 방면에서 크게 도움이 될 것이다. 성인에게도 이와 같은 말을 할 수 있다.

다만, 아무런 조사도 하지 않는 독서 방식에는 큰 약점이 있다. 그것은 그 책을 읽는 시점에서 자신이 가진 세계관과 동일한 수준의 독서만 할 수 있다는 것이다. 달리 말하면 자신에 호응하는 부분만 책에서 읽어 낼 수 있다.

예를 들어 《신약성서》를 읽고 나서 감동할지도 모른다. 반대로 물리적으로 터무니없는 기적이나 기묘한 이야기라며 질색을 할지도 모른다. 그리고 그 책에 대한 자신의 개인적인 인상임에도 불구하고, 그 책 자체가 그렇다고 믿어 버리는 것이다.

그 책에 대해 어떤 인상을 갖는지는 독자의 지식과 식견에 따라 다르다. 삶의 방식이나 나이에 따라 이해와 독후감이 다를 수밖에 없다. 도스토옙스키의 유명한 소설 《죄와 벌》만 해도 그렇다. 그 책을 읽은 모든 사람이 《죄와 벌》을 높이 평가하는 것은 아니다. 기독교의 이단적인 사상이 총망라되어 있다고 생각하는 사람도 있고, 인간의 심리를 파헤친 걸작이라고 평가하는 사람도 있으며, 전체적으로 그로테스크하다고 생각하는 사람도 있다.

물론 《죄와 벌》뿐만 아니라 다른 책에 대한 감상 또한 옳고 그름이란 없지만 대부분의 사람이 자신의 독후감이야말로 정상적이라고 생각하는 경우가 많다. 그러나 실제로는 빈약한 이해에 불과하다. 그 이유가 지식과 식견이 부족하거나 편향되어 있기 때문이지만, 정독은 이를 보완해 준다. 일단 책을 한 권 정독함에 따라 지식이 급속히 불어나거나 두 번째 책을 읽을 때 일어날 수 있는 지식 부족 현상을 보완해 준다.

한 권도 정독하지 않고 두 권째 읽을 경우 어떻게 될까. 첫 번째 책과 똑같이 낮은 수준의 이해력으로 일관할 것이다. 책을 많이 읽었다고 해서 많은 지식을 흡수했다는 증거가 되지 않으며, 책을 계속해서 오독誤讀했을 가능성도 적지 않다. 소장한 서적의 양을 자랑해서는 안 된다.

기억하기 위해 억지로 노력하지 않아도 된다

일반적인 독서보다 정독이 더욱 중요한 의미를 갖는 것은 하나하나의 지식을 확실히 깨닫고 그 지식을 다른 지식과 유기적으로 연결할 수 있기 때문이다. 수많은 서적을 정독하지 않으면 그 책과 다른 책이 서로 어떤 영향을 주고받는지 등을 모르고 넘어갈 수밖에 없고, 단지 수많은 개성적인 저자가 각 시대에 존재했구나 정도로만 생각하고 만다.

이를테면 마르크스의 《자본론》을 단순히 읽기만 하면 그 열의와 격렬한 논조의 문장, 참신한 세계관에 놀라 천재적인 저작이라고 생각할 것이다. 하지만 《자본론》을 정독하면 마르크스가 얼마나 헤겔 철학에서 채용한 세계관을 곡해했는지 알 수 있다.

쇼펜하우어의 짧은 논문을 정독하면, 조사하며 읽어 가는 도중 쇼펜하우어의 사상이 괴테, 니체, 비트겐슈타인, 헤세에게까지 연결되는 것을 쉽게 알 수 있고, 그들의 사상적 근원이 리그베다 Rigveda(고대 인도의 브라만교 성전인 네 가지 베다 가운데 하나—옮긴이)에 있다는 사실까지 알 수 있다.

이렇게 유기적으로 알아 가는 방식은 학교 교육에서 실시하는 방식과는 전혀 다르다. 이 경우를 예로 들어 설명하면, 학교에서는 단순한 해설과 사상의 계통도로 각 인물이 연결되어 있다는 설명으로 끝날 것이다. 그것은 마치 무기질적인 모양과 같다. 그래서 통째 암기하지 않으면 머릿속에 들어오지 않는다. 하지만 정독하면서 스스로 조사하다 보면 기억이라는 노력 없이 깊은 이해를 통해 그 내용이 자신의 내부에 새겨진다.

요컨대 정독이란 개별적인 하나하나의 책이라는 나뭇가지를 응시하는 것으로부터 시작해 사상과 문화로써의 나무 전체를 조감하는 읽기 방식이다. 그래서 정말 성가시게 보이면서도 실제로는 요령 좋은 읽기 방식이라고도 할 수 있다.

단 한 번만이라도 1년에 걸쳐 정독한다면 다음에 읽는 책부터는 꼭 정독해야만 하는 부분이 서서히 줄어든다. 그 저자의 독자적인 사상에 대한 조사 정도만 필요하다. 게다가 책을 읽는 속도가 몰라보게 빨라진다. 결과적으로 한결같이 일반적인 독서 방법만 따르는 사람과 비교했을 때 훨씬 더 풍부하고 정확한 지식을 단기간에 흡수할 수 있다.

04
편견을 가지고 읽지 않기 위해

우리를 가로막는 세 가지 편견

우리는 항상 지금의 자신을 중심으로 모든 일을 생각하고 판단하며, 그것을 옳은 것으로 치부해 버리는 버릇이 있다. 책을 읽을 때는 이 버릇이 더욱 확대된다. 그 결과, 자신이 갖고 있는 일반 상식이나 지식 같은 지적 척도를 들이대며 책의 내용과 저자의 수준, 인간성 등을 일방적으로 판단해 버린다.

내가 집필한 《초역 니체의 말》에 대해 인터넷에서 수많은 리뷰와 블로그의 글이 올라오는데, 개중에는 '니체는 이렇게 훌륭한 말을 남겼는데 마지막은 정신에 병이 들어 죽었다니 참으로 비극이다'

같은 감상이 여기저기에서 보였다.

　그런 견해를 보이는 사람들은 광인이 되어 죽으면 비참하다는 가치관을 가지고 있다고 볼 수 있다. 하지만 어떤 사람도 죽을 때는 병이나 사고, 살인(자살은 자신이라는 인간을 죽이는 것이므로 살인에 포함된다.)일 수밖에 없으니까 죽음의 방식에 가치가 있고 없고는 관계없을 것이다.

　자각하지 못한 채 자신의 가치관을 중심에 두고 책을 읽으면 당연히 자신이 가진 지식의 범주 안에서만 해석하게 된다. 그러다 보면 외국인이 하라키리 수어사이드Harakiri-suicide라고 생각하듯 사무라이의 할복을 자살이라고 쉽게 해석해 버린다. 실제로 할복은 자살이 아니라 사무라이에게만 내리는 형벌로 배를 가르는 것이거나 자신의 결백을 증명하는 수단이었다.

　·

　　책의 내용이 자신의 경험이나 지식과 전혀 무관하다면 더욱 난해해진다. 예를 들어 《신약성서》에 나오는 유명한 구절 '오른쪽 뺨을 맞으면 다른 쪽 뺨도 내밀라'는 말도 이해할 수 없을 것이다. 한 번 맞아 주었는데 다시 더 때려 달라고 요구하는 것을 어떻게 이해할 것인가. 혹은 이것이 마조히즘의 교리가 아닐까 오해할 수도 있다.

이 경우 '오른쪽 뺨을 맞는다'는 것은 상대가 오른 주먹의 손등을 내리쳐 때리는 형태가 된다. 이는 때리는 방법 중에서도 가장 큰 모욕을 의미하는 형태다. 이 구절은 '상대방의 모욕까지 용서하라'는 충고를 의미한다. 동시에 일반적으로 당연히 미워할 만한 어떤 경우나 어떤 상대조차도 전부 사랑할 수 있는 압도적인 사랑을 가지라는 엄중한 지시이기도 하다.

즉 일본어로 쓰였거나 일본어로 번역된 책이라는 이유만으로 모든 것을 이해할 수 있는 것은 아니다. 그 이유는 자신의 사고방식이나 판단이 지나치게 현재 상황에 치우쳐 협소할 수도 있고 아니면 다른 시대의 풍습이나 사고방식에 대한 지식이 송두리째 결여되어 있기 때문이기도 하다.

또 하나, 자신이 어느 특정한 주의주장에 경도되어 있으면 어떤 책을 읽어도 특정한 주의주장의 관점과 가치관으로만 이해하는 것은 당연하다. 이를테면 오래된 의미의 페미니스트임을 자처하는 사람이 《성서》의 '창세기'에 나오는 이 부분을 본다면 어떻게 이해할까.

'하나님께서 이르시되, 인간이 홀로 있는 것이 좋지 못하니 내가 그를 위하여 합당한 조력자를 만들리라, 하시니라. ······(중략)······ 하나님께서 인간을 깊이 잠들게 하시니 그가 잠들매 그분께서 그의 갈비뼈 중에서 하나를 취하시고 그것 대신 살로 채우신 후 남자에게서 취한 그 갈비뼈로 여자를 만드시고 그녀를 남자에게로 데려오셨다. 그때 인간이 말했다. 이는 이제 내 뼈 중의 뼈요, 내 살 중의 살이라. 그녀를 남자에게서 취하였으니 여자라 부르리라, 하니라. 그러므로 인간은 부모를 떠나 자기 아내와 연합하여 그들이 한 육체가 될지니라.'(페데리코 바르바로Federico Barbaro)

여성이 옛날부터 차별을 받아 왔다는 고정관념이 있는 사람이 이 내용을 읽으면 《성서》에서 성차별을 했다는 증거라고 받아들일 것이다. '여성은 남자의 갈비뼈로 만들어졌다' 혹은 '게다가 남자의 조력자가 되기 위해서'를 보면 말이다.

그런 이해는 모든 것을 특정한 주의주장으로만 해석해 자신의 고정관념을 더욱 공고히 하는 오독 가운데 하나일 수밖에 없다. 특히 이 번역에 나오는 '조력자'라는 표현을 도우미나 조수 등 보조적 수단으로 이해하고 지배와 복종이라는 구도를 연상함으로써 마치 위아래가 존재해 왔다는 식의 느낌을 갖게 될 것이다.

조력자로 번역된 고대 히브리어는 '에젤'ezer인데 이 말에 복종의 뉘앙스는 없다. 《성서》에서는 신이 인간을 도와줄 때도 에젤이라는 말을 사용하기 때문이다. 즉 도와주는 여자가 예속적이라는 의미가 아니라 남자와 평등한 입장에서 상호 보완하는 관계로 이해하는 것이 옳다.

그리고 또 여자가 창조되어 비로소 인간은 남자가 되었으므로 남성의 존재는 여성의 존재를 필요로 한다. 이 상대적인 관계는 역시 여성 차별과는 전혀 관련이 없다.

아무 준비 없이 책을 읽지 않는다

지금까지 몇 가지 대표적인 사례에서 나타난 다양한 차원의 오독과 편견에 대해 살펴봤다. 그리고 이러한 오독을 줄이는 방법은 자신이 잘못 오해하고 있는 상태에서도 더욱 다양한 분야와 종류의 책을 읽어 가면서 바로잡는 것이다.

그러는 사이 예전에 의문스러웠거나 오독했던 부분에 대해 비로소 올바른 의미를 알게 되거나 의문이 눈 녹듯 풀린다. 그것은 말하자면, 지식의 아하 체험이라고 할 수 있다. 아하 체험이란 영어권에서의 'a-ha! experience'를 번역한 것으로, 논리를 거치지 않고 순간의 번뜩임으로 이해하는 것을 말한다.

다독과 병행하여 반드시 필요한 또 한 가지는 사전 준비 없이 책을 읽지 않는 것이다. 즉 각종 사전, 역사 지도, 역사 연표, 백과사전 등을 매번 펼쳐 놓고 확인하면서 읽어야 한다. 그리고 주석서나 해설서, 시대 고증의 책도 함께 읽는다. 이렇게 하지 않으면 끊임없이 사소한 오독을 할 수밖에 없다.

이렇게 독서를 하다 보면 먼저 인내력이 생긴다. 그러다 어느 날 문득, 자신이 가지고 있는 상식과 지식이 붕괴되고 있음을 깨닫게 된다. 그때부터 진정한 열매를 맺을 수 있는 독서의 첫걸음이 시작된다.

05
새로운 발상을 이끌어내는 힘

평범함에서 벗어나고 싶다면

————

평범하고 싶지 않다면 하나둘 새로운 발상을 해야만 한다. 그런 발상을 하기 위해서는 자극이 필요하다. 이 세상에 존재하는 모든 것이 자극이 될 테지만 그것이 누구에게나 해당되는 것은 아니다. 왜냐하면 감성이 둔한 사람도 있기 때문이다.

감성이 둔한 사람은 머리가 굳어 있다. 뭉쳐 있다. 물이 응고하여 얼음이 되기 위해서는 심지에 해당하는 것이 필요하다. 그와 마찬가지로 머리가 굳어 있는 사람은 무엇이든 곧이곧대로 믿어 버린다. 그 무엇에만 빠져 시선과 생각을 작동시킨다. 그 무엇의 바깥쪽으로는 시선을 주지 않는다. 이러한 태도가 말하자면 석두石頭이고 융통성 없는 유형의 전형이다.

그런 상태에서 벗어나 자유롭고 유연하게 사고를 확장시켜 가려면 독서가 가장 경제적이고 빠르며 손쉬운 방법이다. 게다가 장르나 수준을 가리지 않고 어떤 책이나 읽는 난독亂讀의 독서가 효과를 발휘한다. 특히 자신의 관심사나 하는 일과 전혀 관계가 없어 보이는 장르에 시선을 주는 방법이 있다.

익숙하지 않은 낯선 장르에서 자극을 얻는다

이를테면 한 번도 손에 쥔 적 없는 철학서나 우주물리학 책을 들춰 본다. 긴장을 풀고 적당히 몇 줄 또는 몇 페이지를 읽어 본다. 그러면 적어도 지금까지와는 다른 것 또는 뭔가 참신한 것을 갑자기 발견할 수 있을 것이다. 게다가 지금까지의 사고방식을 완전히 바꿔 버릴 만한 자극을 받을지도 모른다.

철학서 중에 유명한 비트겐슈타인의 《논리철학논고》의 처음 몇 줄을 읽다 보면 다음과 같은 말이 나온다. '세계는 사실의 총체이다.

이 사실이란 사물인 것과 사물이 아닌 것을 의미한다.' 즉 비트겐슈타인이 사실로 간주하는 것은 '일어난 일'과 '그것이 일어남으로써 일어나지 않은 일'까지 포함한다.

우리는 일반적으로 사실이라는 말을 할 때 일어난 일만을 가리킨다. 하지만 비트겐슈타인은 그 일의 이면까지 사실로 여기고 있다. 이런 사고방식과 접했을 때 우리는 허를 찔렸다고 생각한다. 그 순간 자신의 과거 사고방식에 바람구멍이 생겨날 수 있다.

소립자론 책도 큰 자극을 선물해 줄 만하다. 관찰할 때는 입자로 존재하다가 관찰을 안 할 때는 파동으로 존재하는 것처럼 관찰 방법에 의해 소립자가 성질을 바꾸는 것, 우주의 끝 양 극단에 있는 소립자가 동시에 같은 행동을 한다는 내용을 읽으면 이 세상의 시간과 공간은 환각에 가까운 것이 아닐까 하는 의심이 불끈불끈 생겨난다. 이러한 의심 등에 의한 자극은 평소 세상을 바라보던 왜곡된 생각에 균열을 만들고 지금 이 세계를 새로운 시선으로 바라볼 것을 촉구한다.

그것을 한 번 경험하면 다른 분야의 책을 읽는 것에 대한 저항감이 사라져 이를테면 예이츠William Butler Yeats의 시를 읽든 유아 취향의 그림책을 펼치든 새로운 발상의 씨앗을 찾아낼 수 있다. 그렇게 되면 책이 아닌 세상을 관찰하는 것만으로도 발상의 재료를 쉽게 얻을 수 있다. 요컨대 발상은 머리와 능력의 문제가 아니다. 세속적이지 않은 다른 눈을 갖는 것이 새로운 발상을 낳는다. 독서는 그 계기를 마련해 주는 도구 중 하나에 불과하다.

06

어떤 책을 읽어야 할까

**'고급스러운 것은 비싸다'는 말의
유일한 예외는 책이다**

————

만약 지금 당장 평소보다 몇 십 배 많은 수입이 생긴다면 어떻게 될까. 여전히 밥 한 끼값에 해당하는 싸구려 옷을 사고, 몇 만 원밖에 안 되는 구두를 신을까.

대개의 사람은 그렇지 않을 것이다. 적어도 몇 벌은 고가의 수입 브랜드 제품을 사거나 유명 디자이너의 고급스러운 옷을 맞출 것이다. 구두라면 존 로브나 에드워드 그린이나 오르덴을 선택할 것이다. 술도 값비싼 싱글 몰트위스키를 선택하고 가죽 의자에 앉아 바카라 유리잔을 입으로 가져갈 것이다.

이 세상에서 고급스러운 것, 즉 질이 좋고 아름다운 것은 단연코 값이 비싸다. 단 하나의 예외적인 상품을 제외하고 말이다. 그 예외가 바로 책이다. 대부분 같은 가격대에서 질이 낮은 것과 높은 것이 나란히 있다. 그런데 일반적인 소설이라도 훌륭한 작품과 쓰레기 같은 작품의 가격은 같다. 그렇다면 되도록 질이 높은 작품을 선택하는 편이 현명할 것이다.

읽기 어려운 고전은 '건너뛰며 읽기'로 시작한다

그럼 질이 높은 책이란 어떤 종류일까. 거기에 포함되는 첫 번째가 세계적인 고전이다. 일반 서적과 똑같이 고전도 옥석이 뒤섞여 있지만, 오랜 세월에 걸쳐 읽힘으로써 세계적으로 영향을 주고 있다는 사실만으로도 중요한 역할을 한다.

그런데 대부분 고전을 읽지 않는다. 읽기 힘들다는 이유가 가장 큰 듯하다. 고전이 읽기 힘든 것은 누구에게나 마찬가지다. 하지만 각자 자신이 왜 고전을 읽는 게 힘든지 그 이유를 알아 둘 필요가 있다. 그 이유를 알기만 하면 문제는 얼마든지 극복할 수 있다.

고전이 읽기 힘든 이유는 제각각 다를 테지만, 다음과 같이 세 가지로 축약해 볼 수 있다.

- 페이지 수가 너무 많아 그만큼 시간을 낼 수 없다.
- 시대 배경이나 토대가 되는 전제가 현대와 너무 차이가 난다.
- 너무 어려울 것 같다.

책을 읽는 시간에 대해서는 제3장에서 다시 거론하겠다. 고전이 너무 두꺼워서 읽기 힘들다면 몇몇 부분만 골라 읽으면 된다. 그렇게 하는 것이 책장에 꽂힌 책등의 글자만 보는 것보다 몇 백 배는 더 낫다. 다만, 부분적으로 읽고 나서 느낀 것만으로 전체를 예상해서는 안 된다. 부분적으로 읽다가 점점 흥미가 생기면 그 부분이 있는 전체를 읽는다. 그 챕터가 재미있으면 다른 재미있을 것 같은 챕터를 골라 읽는다. 이런 식으로 건너뛰어 읽다 보면 마침내 전체를 읽게 된다. 책의 두께와 페이지 수가 반드시 내용의 농도를 의미하는 것은 아니다. 블라디미르 나보코프Vladimir Nabokov(1899~1977, 러시아 출신의 미국 소설가—옮긴이)의 《롤리타》처럼 지나치게 대사가 많아 두꺼운 경우도 많다. 혹은 지엽적인 내용을 너무 많이 담아 두꺼운 책도 적지 않다.

하지만 두꺼운 책이라도 핵심이라 할 만한 문장이 집약된 부분이 몇 군데 있으니 그 부분을 찾아 읽으면 주장이나 요점을 파악할 수 있다. 매일같이 책을 읽다 보면 그러한 부분을 빨리 찾아내게 된다. 전문가들도 그런 방식으로 독서를 한다.

처음 입문하는 사람한테는 당연히 고전의 배경이나 토대가 되는 사상을 이해하는 게 어렵다. 그래서 처음에는 고전의 본문으로 들어가기 전에 부록의 해설 같은 것을 읽으면 훨씬 좋다. 그런 의미에서 추오코론샤中央公論社(중앙공론사)의 '세계의 명저' 시리즈는 해설 말고도 사진이나 지도 등이 삽입되어 정말 편리하고 친절한 책이다.

미리 책의 해설을 읽었는데도 내용을 알 수 없다면 자신이 이해하지 못한 구절이나 용어를 사전을 찾거나 인터넷으로 검색하는 등 꼼꼼하게 조사할 필요가 있다. 연대나 역사적 사건에 대해서는 역사 연표 등을 조사해야만 한다. 대부분의 전문가도 일일이 그런 작업을 한다.

우선 종교 서적을 읽는다

이런 시도를 했음에도 현재 읽고 있는 책의 내용을 전혀 알 수 없을 만큼 여전히 오리무중이라면 자신이 그 고전의 배경에 크게 걸쳐 있는 지식이 부족하다는 의미일 것이다. 여기서 말하는 지식은 대체로 《성서》나 《코란》, 불교 경전 등 종교 서적에 들어 있는 내용이다.

그런데 안타깝게도 이들 종교 서적을 짧은 시간 안에 이해할 수 있는 방법은 없다. 내용을 잘 정리해 놓은 요약집이나 해설서를 읽는다 해도 격화소양隔靴搔癢(신을 신고 발바닥을 긁는다는 뜻으로, 성에 차지 않거나 철저하지 못한 안타까움을 이르는 말—옮긴이)일 뿐, 심한 경우에는 정확하지 않은 잘못된 이해를 할 수도 있다.

결국 종교 서적은 자신이 스스로 읽을 수밖에 없다. 그렇지 않으면 반종교적인 책을 읽는다 해도 그 책의 어느 부분이 반종교적인지조차 이해할 수 없다. 같은 의미에서 철학이나 사상, 의학까지 포함한 20세기 이전의 과학도 모두 종교와 깊은 관련이 있다.

좀 더 직접적으로 말하자면 종교 서적을 읽지 않고 갑자기 고전을 읽기 때문에 어렵다고 느끼는 것이다. 거꾸로 말하면 종교 서적을 조금씩이라도 읽어 두면 고전을 이해하는 노고는 한결 가벼워질 것이다. 고전이 아니더라도 현대에는 수준 높은 책이 많이 있다. 많은 책이 고전적 교양에 토대를 두고 있거나 고전의 사고방식을 배경으로 하고 그것을 발전시킨 것이다.

따라서 수준 높은 책을 읽고 이해할 수 있는 가장 빠른 지름길은 먼저 종교 서적을 읽고 나서 고전을 읽는 것이다. 만약 고전을 고리타분하게 여겨 멀리한다면 그것은 오해다. 과연 무엇을 기준으로 고리타분하다고 말하는가. 현대는 최첨단이며 과거의 모든 것을 능가한다고 말할 수 있을까.

우리 현대인들은 오만방자한 구석이 있고, 그것이 고전을 싫어하는 현상으로 연결되어 있다. 하지만 시간의 흐름에 대한 이러한 사고방식은 기독교 신학에서 유래한다. 기독교 신학에서는 세계의 창조를 기점으로 해서 세계의 종말까지 시간이 불가역적인 일직선으로 진행한다고 생각한다. 그래서 누구의 인생이나 할 것 없이 한 번뿐이다.

기독교가 침투한 11세기 무렵까지 농경사회였던 유럽과 에도시대 무렵까지의 일본에서는 시간이 순환한다고 생각했다. '돌고 돌아 오는 봄'이라는 표현이 있듯이 작년의 봄이 순환하여 올해도 찾아왔다는 뜻이다.

하지만 현대에는 진심으로 그렇게 생각하는 사람이 많지 않을 것이다. 불교 신도일지라도 대부분 기독교식으로 시간이 일직선으로 진행한다고 생각한다. 게다가 문화와 문명은 시간에 따라 늘 새로워진다고까지 여긴다.

그런 착각 때문에 과거의 것은 모두 낡았고 현대에는 통용되지 않으며, 고대인들이 현대인들보다 훨씬 열등했을 거라고 생각한다. 이런 사고가 어딘가에 뿌리 내리고 있기에 고전은 고리타분하다고 여겨 왔을 것이다.

그렇다면 고전 중의 고전이라 할 수 있는《성서》에 있는 '사무엘기'를 꾹 참고 읽어 보면 된다. 고대 이스라엘의 초대 왕인 사울과 2대 왕 다비드가 무엇을 했는지 이야기처럼 기록되어 있어 술술 읽힐 것이다. 어쩌면 이 글을 읽으면서 아연실색하거나 어이없어 할 수도 있다. 그리고 기독교의《성서》에 대한 인상이 싹 바뀌고 세계가 예전과 달리 보이며, 지금까지와는 다른 사고방식을 갖게 되는 자신을 발견하게 될 것이다.

07
사람들이 빠지기 쉬운 독서의 함정

논리적이라 해서 반드시 옳다고 할 수는 없다

———

책이나 학문이든, 사상이나 주장이든 그것들을 이해할 때 큰 오해가 전제되는 경우가 종종 있다. 바로 '논리적이기 때문에 옳을 것이다'라고 판단한다는 것이다. 논리적으로 쓰여 있다고 해서 옳다고 보장할 수는 없다. 논리적이라서 옳게 보이지만 전혀 현실 상황에 걸맞지 않은 경우도 많다.

그렇다면 '논리적이다'는 말은 대체 무엇일까. 그것은 과학적이라는 의미가 아니다. 수학적이거나 또는 문법적으로 옳은 경우가 논리적인 것이다. 이를테면 다음과 같은 간단한 문장은 어떨까.

'모든 수상은 오류를 범하지 않는다. 아베 아무개는 수상이다. 따라서 아베 아무개 역시 어떤 오류도 범하지 않는다.'

이는 잘못된 문장이 아니다. 논리적이다. 삼단논법대로다. 문법적으로도 전혀 이상하지 않다. 논리정연하다. 하지만 내용이 옳지 않으며 현실적이지 않다. 논리적인데도 말이다. 그렇다면 왜 옳지 않고 현실적이지도 않은가.

여기에 전제로 쓰인 '수상은 결코 잘못을 범하지 않는다'는 주장이 지금까지의 우리 경험과 식견에 반하기 때문이다. 우리는 책을 읽거나 타인의 의견을 들을 때 거의 의식하지 않은 상태에서 그것이 진지한 것인지, 아닌지 자신의 경험과 식견에 비추어 옳고 그름 혹은 타당성을 판단한다.

그럼 우리의 경험과 식견이 미치지 못하는 사안에 대한 책은 어떻게 될까. 안타깝게도 그 내용의 옳고 그름이나 타당성에 대해 즉시 판단할 수 없다. 예를 들어 다음과 같은 문장은 어떨까.

'세계의 역사를 잘 살펴보자. 전쟁의 연속이 아니던가. 전쟁 사이사이 어쩌다 아주 짧은 평화가 있기는 했지만, 그 후로는 온통 분쟁, 사변, 전쟁뿐이다. 이 전쟁들은 항상 각기 다른 인간 종족이 자신들의 생활 공간을 요구하는 게 목적이었다. 그리고 전쟁이란 반드시 지배와 복종을 둘러싸고 일어난다. 그것이야말로 태초부터 있어 왔던 힘, 즉 강한 자가 이기고 살아남으며 약한 자가 패배하고 소멸하는 자연도태의 형태이기 때문이다. 이처럼 모든 인간 종족의 자연도태가 전쟁을 매개로 하여 실행되고 있다.'

이 글은 논리적이다. 하지만 그 내용은 처음부터 마지막까지 옳지 않다. 그런데도 사람들은 이런 글을 보거나 이런 내용의 연설을 들으면 참으로 지당하다고 생각하는 경향이 있다. 자신의 경험과 식견이 미치지 못하는 사안이기 때문이다.

낯 두꺼운 얼굴로 연설을 유창하게 하는 정치가가 당연한 수입처럼 세금을 거둬들이는 것은 올바른 판단을 해야 하는 일반 대중이 판단의 재료와 능력을 갖고 있지 못하기 때문이다. 그것은 나치스가 생겨난 시대도 그러했고 오늘날에도 여전히 달라지지 않았다. 방금 전의 전쟁론은 나치스가 대중에게 반복해서 말했던 내용이다.

상대의 이야기가 새까만 거짓이라는 것을 간파하려면 스스로 세계사를 공부하고 종족과 자연도태의 올바른 의미를 조사해야만 한다. 그런데 대부분의 사람들은 그렇게 하지 않고 높은 분들의 말씀이니까 옳을 거라고 생각한다. 대중의 안이하고 자포자기식의 경향을 현대의 정치가도 잘 알고 있다.

독서에서 요구하는 것은 정의가 아니다

책을 읽을 때도 그렇다. 뭔가 대단해 보이는 직함을 가진 사람이 논리정연하게 글을 쓰면 옳게 느껴진다. 그래서 분명 옳을 거라고 쉽게 받아들이는 경향이 있다. 어떤 경우라도 그 책의 논리가 전부 옳을 수는 없다. 어느 책 한 권의 전체 내용이 모두 옳거나 또는 처음부터 끝까지 진리를 말하는 경우도 결코 있을 수 없다. 따라서 이 책 역시 모든 게 정확할 수는 없다.

왜냐하면 책에 있는 내용은 항상 가설일 수밖에 없기 때문이다. 또는 진리에 대한 근사치일 뿐이다. 이는 이 세상에서 개념과 똑같은 정확한 원을 그릴 수 없는 이치와 같다. 책을 읽을 때 옳은가, 옳지 않은가 하는 기준을 가지고 있어 봐야 의미가 없다. 그런 기준 말고 이 책이 자신에게 흥미진진한가, 아닌가 혹은 뭔가 새로운 사고방식의 지평을 열어 줄 수 있는가, 없는가 하는 개인적인 감성이나 가치관을 중시해야 한다.

08
생각하는 힘을 잃어 가는 사람들

우리의 머리는 타인의 사상이 뛰어노는 운동장

———

나의 저서 《머리가 좋아지는 사고술》이나 《사고의 힘을 기르는 책》에서는 '정말 사고하고 싶다면 문자를 쓰면서 생각해야 한다'고 말했다. '문장을 쓰지 않고 그저 머리로만 생각하면 그것을 자신의 생각이라고 여기겠지만 실제로는 두서없는 상상과 망상일 뿐이다'라고도 말했다.

그런데 생각한다는 의미를 좀 더 확장하면, 우리는 책을 읽을 때도 자각하지 못하지만 끊임없이 생각하고 있다. 왜냐하면 문자를 더듬어 가면서 읽는 속도와 똑같이 머리로 생각하지 않으면 거기에 쓰여 있는 문장의 의미를 알 수 없기 때문이다. 그래서 읽는 행위는 생각하기의 기초 연습이 된다.

물론 스스로 생각하지 않아도 살 수는 있다. 누군가가 시키는 대로만 하면 되기 때문이다. 혹은 예전과 똑같이 하거나 다른 사람을 따라 하면 된다. 같은 말을 되풀이하는 것 같지만, 그런 의타적인 삶을 사는 사람이 적지 않다.

요즘에도 이런 상품이 인기 있다는 식의 광고 문구로 물건을 팔고 있는 곳이 많다. 이는 판단력을 갖지 못한 채 안이하게 부화뇌동하는 사람이 많다는 것을 알기 때문이다. 홍보도 똑같다. 선거 운동을 할 때 후보자 이름을 연호하는 수법도 마찬가지다.

사람들은 보통 물건을 살 때 망설인다. 망설이는 동안 생각을 하는 것이다. 어떤 상품을 선택해야 이득이 되는지 고민한다. 하지만 이는 자신이 깨닫지 못하는 놀이다. 아주 고가의 명품 브랜드 제품이 아닌 이상 어떤 것을 선택하든 결과는 대동소이하다. 그런데도 사람들은 스스로 고민해서 선택했다며 만족한다. 하지만 사실은 그냥 선택한 것에 불과하다. 선거의 경우도 이와 똑같다.

일상에서 매일같이 일어나는 이러한 가짜 사고와 비교하면, 책을 읽는 것은 정말 자신의 머리로 생각하는 일이다. 그런데도 책을 읽기 때문에 더 생각하지 못하게 되는 사람도 있다. 바로 책에 쓰여 있는 내용이 전부 옳다고 믿는 사람이다. 또는 책에서 전개하는 저자의 사고를 자신의 사고와 완전히 혼동해 버리는 사람이다.

이에 대해 쇼펜하우어는 다음과 같이 신랄하게 지적했다.

'……독서할 때는 생각하는 수고를 할 필요가 거의 없다. 스스로 사색하는 일을 그만두고 독서로 옮겨 갔을 때 안도의 기분이 드는 것도 이 때문이다. 하지만 독서에만 전념하는 한, 사실 우리의 머리는 타인의 사상이 뛰노는 운동장에 불과하다. 그 때문에 거의 통째로 하루를 다독에 허비하는 부지런한 사람은 서서히 스스로 생각하는 힘을 잃어 간다. ……(중략)……끊임없이 계속 읽기만 할 뿐, 읽은 것을 나중에 다시 생각해 보지 않는다면 정신 속에 뿌리를 내리지 못한 채 대부분 다 잃고 만다.'

쇼펜하우어가 굳이 이런 글을 썼다는 것은 지금으로부터 150년 전 프랑크푸르트 독자들의 상황도 이랬기 때문일 것이다. 확실히 현대인도 몇 권의 책밖에 읽지 않았다면 그러한 착오를 고스란히 반복할 것이다. 하지만 다양한 분야의 책을 고루 섭렵하면 서서히 특정 책의 논리를 곧이곧대로 받아들이지 않게 된다. 인간을 알기 위해 수많은 사람을 봐야 하듯 최대한 다양한 분야의 동서고금 책을 펼쳐 보는 편이 좋다.

09
시간이 지날수록 가치가 빛나는
고전 문학의 힘

대중소설은 마케팅의 산물

———

일반적으로 소설을 오락의 하나라고 생각한다. 그리고 오락은 우리의 삶을 풍요롭게 해주지만 그렇다고 반드시 생활에 필요한 요소는 아니라고 여긴다. 특히 국가 정부에서는 그렇게 판단하는데, 그런 견해가 가장 노골적으로 변하는 시기가 전쟁 때다.

과거 각국의 전쟁을 보면 알 수 있듯이 소설은 물론이고 가무음곡과 예술이 대폭 제한되어 왔다. 국가의 비상사태에서 오락은 불필요하며 정신을 타락시킨다는 논리를 어느 체제에서나 적용해 왔다.

현대사회는 사회 전반에서 오락이 흘러넘친다. 그중에서도 소설은 수수한 오락에 속하는 편이다. 그래도 오락소설이 많이 팔린다. 추리소설, 역사소설, 공포소설, SF소설, 연애소설, 관능소설, 라이트노블……. 온갖 대중소설이 오락으로써의 소설이다. 그리고 대중소설은 문학 중에서도 수준이 한 차원 낮은 것으로 여겨진다.

왜 대중소설은 수준이 낮은가. 그 이유는 명확하다. 대중소설은 독자에게 영합하는 자세로 생산되기 때문이다. 독자가 흥미를 가지고 있는 소재와 내용을 다루며, 소설의 등장인물은 독자와 거의 유사한 감성이나 사고방식으로 독자를 안심시키거나 감동시키는 방식을 취한다.

즉 대중소설은 의도적으로 독자의 심리와 삶에 맞춘다는 의미에서 마케팅 성과로써의 상품이다. 상품이기 때문에 보다 많이 팔려야만 목적을 달성할 수 있다. 상품이기 때문에 소비된다. 그리고 자본주의적 경영을 위해 서서히 새로운 상품이 만들어진다.

그런데 대중소설이 오락을 위한 상품으로써의 유효한 시간은 그렇게 길지 않다. 시대가 변하면 대중들은 곧바로 읽지 않게 된다. 왜냐하면 그 시대를 살고 있는 사람들의 감성과 사고방식에 맞춰 작품을 썼기 때문에 시대의 변화에 따라 수많은 사람의 오락으로써의 역할이 충분하지 않게 된다. 이를테면 19세기 초의 베스트셀러였던 짓펜샤 잇쿠十返舎一九(1765~1831, 일본 에도시대의 대중소설가—

옮긴이)의 《도카이도 추히자쿠리게》東海道中膝栗毛(추히자쿠리게는 무릎으로 밤색 말을 대신한다는 뜻으로 걸어서 여행한다는 의미다. 도카이도 지역을 배경으로 두 주인공이 웃음거리를 제공하는 통속소설이다.—옮긴이)가 오늘날 현대인의 오락 서적이 아닌 것처럼 말이다.

보편적인 인간성을 그리는 세계문학

———

시대가 많이 변했는데도 여전히 계속해서 읽히는 문학이 있다. 이를테면 19세기의 짧은 한 시기만 보아도 《친화력》(1809), 《그림동화집》(1812), 《오만과 편견》(1813), 《프랑켄슈타인》(1818), 《검은 고양이》(1843), 《폭풍의 언덕》(1847) 같은 작품이 이에 해당한다.

지금도 널리 알려져 있는 유명한 작품으로는 《적과 흑》(1830), 《파우스트》(1832), 《카르멘》(1845), 《춘희》(1848), 《백경》(1851), 《레미제라블》(1862), 《이상한 나라의 앨리스》(1865) 등이 있다. 이 작품들은 소위 세계문학이라 불린다.

세계문학이 시대와 문화를 뛰어넘어 언제까지나 읽히는 이유는 왜일까. 그 당시 사람들의 심리와 사고방식에 의도적으로 맞춰 쓴 오락 취향의 상품이 아니기 때문이다. 그리고 더 나아가 세계문학에는 인간 자체가, 즉 보편적인 인간성이 묘사되어 있다. 그 보편성이 시대와 문화를 초월하는 것이다.

중후하고 장대하며 고상한 문학작품만 세계문학은 아니다. 스토리가 뛰어나지 않고 단조로우며 짧은 소품이지만 묘사하는 대상이 기괴하고 그로테스크해도 보편적인 인간성이 충분히 묘사되어 있다면 세계문학이다. 이를테면 제임스 조이스 James Joyce (1882~1941, 아일랜드의 시인이자 소설가—옮긴이)의 《더블린 사람들》(1914)은 짧은 소설 모음이다. 그중 하나인 '이블린'은 아홉 페이지도 채 되지 않는다. 구성도 복잡하지 않다.

이블린은 연인인 프랭크와 손을 잡고 고향 더블린을 떠나 부에노스아이레스로 건너가 새로운 인생을 시작하려 한다. 그리고 창가에서 그리운 거리를 바라보며 이런저런 과거를 떠올린다. 이 마을에 계속 머무르며 어머니처럼 불행한 삶을 살고 싶지 않았고, 프랭크가 행복 말고도 사랑의 구원마저 주리라 확신한다. 그런데 부두의 사람들 속에 서서 금방이라도 배에 올라탈 것 같았던 이블린은 갑자기 마음을 돌려 버린다.

'그녀는 궁지에 몰린 동물처럼 우두커니 선 채 하얀 얼굴을 남자에게로 향했다. 그 눈에는 사랑의 증표도, 이별의 증표도, 그를 인

정하는 증표조차 담겨 있지 않았다.'

이렇게 이블린의 갑작스러운 번복에는 이성으로 이해할 수 있는 이유 같은 게 없다. 그런데도 독자들은 리얼한 인간이 여기에 있음을 자연스레 느끼고 만다. 왜냐하면 우리도 이블린과 마찬가지이기 때문이다. 인간은 말로 논리정연하게 설명할 수 있는 이유만으로 움직이지 않는다. 인간의 좀 더 깊은 곳에 있는 뭔가 동물적인 충동이 우리를 좌우한다는 것을 이미 느끼고 있다.

그 신비함은 학자들에 의해 분석될 수 있는 게 아니다. 손에 쥘 수는 없지만 늘 거기에 존재하는, 정체를 알 수 없는 것이다. 그런데 우리는 그 존재를 잊은 채 평소에는 태평하게 살고 있다가 문학이라는 형태로 선연하게 내밀었을 때 인간 본연의 신비한 깊이를 깨닫는다.

마음의 신비함을 응시하는 것은
모든 지성에 필요한 인간 이해의 기초

———

아마도 자본주의 세계에 있는 우리는 자신이라는 존재로 온전히 살고 있지는 못할 것이다. 오히려 가짜 같은 삶을 살고 있을 것이다.

매일 반복되는 일은 추상적이고 부분적이며 기술적이다. 일을 통해 많은 사람들과 관계를 맺지만 마음으로 연결된 것은 아니다. 상대의 역할과 지위, 역량에 걸맞은 흥정 가능한 범위 안에서만 관계한다. 그 경우 상대의 인격은 도외시된다. 왜냐하면 일의 중심은 경제이며, 결과적으로 최대한 많은 돈을 모으는 목표가 중요하기 때문이다.

개인적인 생활에 있어서도 돈에 의해 대부분의 일이 해결되고 처리된다. 치유와 즐거움마저 판매되고 있다. 온갖 종류의 즐거움을 사는 모습이 일상인 것이다. 이렇게 살아가는 우리는 수족관에 있는 물고기와 다름없을지도 모른다. 즉 모든 것이 경제적이고 인공적이라는 말이다.

우리는 이런 생활을 정상이라고 느끼고 있을까. 자신이 여기에 살고 있다는 사실을 매일 실감하고 있을까. 혹은 동물적인 성향까지 포함한 인간으로서의 감성이 업신여김당하고 있는 듯한 불쾌감을 자연스레 가지고 있는 것은 아닐까.

물론 지금 말하고 있는 '정상'이나 '동물적인 성향까지 포함한 인간으로서의 감성' 같은 표현이 대단히 애매하긴 하다. 하지만 내가 이처럼 애매한 표현을 사용하면서까지 알리고 싶은 단 한 가지는 인공적이고 경제 중심의 생활 속에서 우리는 타인의 마음과 접촉하지 않는다는 사실이다.

우리는 매일같이 마음의 활동을 하고 있다고 생각하지만 실제로는 어떨까. 사물의 변화나 상대방의 행동에 대해 매번 감정적으로 반응하고, 더 나아가 이것저것 이해득실만 따지는 것은 아닐까. 마음이 통한다는 표현이 사실상 사어死語가 된 상태는 아닐까.

그래서 심리학이 필요한 것은 아니다. 새로운 학문으로써 심리학이 다루는 인간 심리는 실험을 위한 청결한 샬레Schale (세균 배양 등에 쓰이는 뚜껑이 달린 원형의 유리 접시—옮긴이) 위의 일반적인 마음이다. 말하자면 얼굴과 몸이 없는 마음이다. 거기에는 개개인으로서의 인간은 없다.

인간의 마음이 지닌 다채로움과 변용의 불가사의함을 응시하기 위해서는 심리학 공부를 하는 것보다 세계문학을 읽는 편이 훨씬 더 유익하지 않을까. 세계문학에서 묘사되는 인간의 마음이야말로 살아 있는, 허식이나 속임수가 없는 개개인의 마음이라고 생각하기 때문이다.

극단적인 표현이라는 것을 알면서도 덧붙여 말하자면 인생도, 인간도 이 현실 세계에 있어서는 상당히 희석되어 있는 게 아닐까. 오히려 인간과 인생은 세계문학 속에 최대한 응축되어 있는 듯하다.

현실 세계에 살고 있는 대다수의 사람은 대개 금전으로 해결할 수 있는 정도의 고민밖에 하지 않는다. 온몸으로 기뻐하지 않고 머릿속 화학반응이나 이해득실을 따지는 차원에서만 기뻐한다. 죽음이나 이별, 사랑이 절실하지 않기 때문이다. 그렇다면 우리는 이 현실을 살아가면서도 희박해진 혹은 가짜 인생을 체험하고 있는 게 아닐까.

파리 컬렉션에서 발표된 옷과 비슷한 싸구려를 몸에 걸치고, 진짜 맛과 비슷한 요리를 진짜라고 생각하며, 세금을 식량으로 삼는 무리에 의해 자의적으로 결정된 법을 최소한의 윤리라고 오해한 채 인습화된 모금 행사를 전통적인 종교 행위라고 생각하고, 자식을 키우거나 집을 짓는 걸 정상적인 인생이라고 여긴다. 이런 삶이 가짜는 아닐까.

가짜 인생을 살기 때문에 문학의 가짜인 대중소설을 재미있어 하는 것일 게다. 대중소설은 의도와 효과, 논리로 쓰여졌다. 그 상업적인 세계에서는 어떤 일도 사랑이나 섹스, 배신조차 명백한 이유가 있다. 그래서 추리소설에 나오는 살인범이라 해도 진짜 살인범과는 비교할 수도 없을 만큼 얄팍한 인형에 불과하다.

그렇다고 이제 와서 현대인의 인공적인 가짜를 모두 집어던질 수는 없다. 하지만 세계문학을 읽음으로써 인간과 세상의 심연에 숨어 있는 신비를 알고, 진정한 두려움을 느낄 수 있다. 그것이 온갖 연구와 지성에 반드시 필요한 인간을 이해하는 데 기초가 되지 않을까 한다.

10

오로지 나 자신을 위해
책을 읽는다

독서의 목적은 나 자신을 아는 것

소설《데미안》이나《황야의 늑대》를 쓴 시인 헤르만 헤세(1877~1962)는 '세계문학 문고'라는 소논문에서 세계문학을 읽는 것에 대해 이런 견해를 피력했다.

'세계문학과 독자의 생기 넘치는 관계에 있어 중요한 것은 특히 독자가 자기 자신을 아는 것이다. 그와 동시에 자신에게 감명을 준 작품을 아는 것이며, 어떤 기준 또는 교양의 잣대 등에 종속되지 않는 것이다. ⋯⋯(중략)⋯⋯ 예를 들어 어느 걸작이 상당히 유명하다는 이유로, 모두가 아는 그 작품을 모른다는 게 부끄럽다는 이유만으로 억지로 읽는 것은 크나큰 잘못이다. 그 대신 누구나 각자의 성격에 어울리는 작품을 우선 읽는 것, 아는 것, 사랑하는 것부터 시작해야 한다.'

헤세의 독서론이 특별한 이유는 책을 읽는 최초의 목적이 나 자신을 아는 것이 중심이기 때문이다. 일반적인 독서론은 책에서 지식을 얼마나 빨리 흡수하는가에 주안을 두고 있다. 하지만 헤세에게는 지식 습득이 최초의 목적이 되지 않는다.

왜 헤세가 그런 지론을 전개하는가 하면, 그는 이 세상 대부분의 사람이 자기 자신을 모른다고 생각했다. 헤세의 이런 생각이 대체로 옳지 않을까. 왜냐하면 실제로 자기 자신을 모르기 때문에 고뇌하고 괴로워하는 사람이 적지 않기 때문이다.

이 경우 '자기 자신을 안다'는 말이 무슨 심오한 의미를 지니는 것은 아니다. 이를테면 자신이 정말 무엇을 갖고 싶은지 확인하는 것이 자신을 아는 중요한 하나이다. 자신이 무엇을 갖고 싶은지 수많은 경험과 인간관계를 통해 제대로 아는 사람도 있다. 거듭된 도전과 뼈아픈 실패를 통해 배우는 사람도 있다. 자신의 장점과 약점을 알고 나서야 비로소 깨닫는 사람도 있다.

혹은 책을 읽음으로써 자신의 삶을 아는 사람도 있다. 이런 경우, 세상의 찰나적인 풍조에 휩쓸려 유행하는 책이 아니라 보편적인 의미를 포함하는 고전으로 손꼽히는 세계문학이 쓸모 있다.

화폐가 여러 장소에서 가치를 갖게 된 현대에 와서 인간은 가치를 혼동하는 경향이 있다. 자신이 하고 싶은 일을 금전적인 가치로 환산하고도 그것이 정말 잘못되었다는 사실조차 깨닫지 못하는 어리석음이 만연해 있다.

아니, 전혀 비교할 수 없는 다른 성질의 대상을 비교하는, 이상한 금전 환산을 솔선하여 수행하는 것은 정부와 공무원이다. 그들은 세금을 들여 진지한 얼굴로 전업주부의 노동력이 어느만큼의 임금에 해당하는지 계산하여 발표하기도 한다. 국민들은 그와 똑같은 짓을 흉내 내고 있다.

자신의 모든 생애를 걸 만한 가치를 찾지 않고, 금전적인 가치로 선택을 좌지우지한다. 그들에게 일이란 강제된 고역과 비슷한 것이 된다. 본래 자신이 갖고 싶은 것을 가질 수 없는 직장에 취직한 대가이다.

자신의 진로를 찾지 못하고, 취직이나 노동 방식을 선뜻 결정 내리지 못하는 것은 자신의 진짜 희망을 어렴풋이 느끼면서도 이해득실과 금전의 가치에만 매달리는 부모를 비롯한 이 세상의 어른 말을 귀담아듣기 때문이다. 그리고 인생에는 눈에 보이지 않는 기성의 레일이 있고 그 위를 달려야만 한다는 신앙에 몸담아 버린다.

그 결과 금형 틀에 꼭 들어맞는 소시민과 소비자가 생긴다.

독서는 그런 사람들에게도 중요한 암시를 작은 목소리로 말해 준다. 어떤 책이 자신에게 해답을 준다는 의미가 아니라 자신이 어떤 책을 좋아하고 어떤 책을 다른 사람보다 깊이 이해할 수 있으며 혹은 어떤 책이 자신의 타고난 성향에 어울리는가 하는 의미에서 본래 자신이 무엇을 원하는지 알게 해준다.

보통은 10대 때 이런 깨달음을 경험한다. 물론 인생의 맛을 곱씹어 본 40대나 50대가 되어서 비로소 깨닫는다 해도 평생 깨닫지 못하는 경우보다는 훨씬 낫다. 그럴 경우에도 책이 작은 목소리로 가르쳐 준다.

홀로 책을 읽을 때 우리의 마음은 열리기 시작한다

사회 경험이나 타인이 아니라 왜 책이 주는 암시의 힘이 더 클까. 그 이유는 일반적인 책은 한 가지 주제에 대해 진지하게 서술하기 때문이다. 오늘날과 같은 경제 지상주의 사회에서 그것은 희소한 일이다.

보통 누군가의 발언에는 어떤 의도가 이면에 담겨 있다. 사람들이 하는 말에는 상대를 유도하거나 조종하려는 의도가 숨어 있다. 혹은 상대의 기분을 상하게 하지 않을 만큼 적당히 에둘러 하는 지시나 명령인 셈이다.

많은 사람이 무정하고 살벌한 세상이라고 느끼는 이유는 대부분 경제 효율적으로 말을 할 뿐, 상대의 인격에 대고 진심으로 말하는 게 아니기 때문이다. 아주 친밀한 이성 간의 대화에서조차 그런 태도가 침투해 있는 상황을 누구나 경험하지 않았을까.

그런데 책만은 경제적 이해득실에서 벗어난 말을 해준다. 그래서 혼자 책을 읽을 때 우리의 마음은 서서히 열리기 시작한다. 평소보다 마음을 여는 각도가 더 커지므로 책이 해주는 말을 잘 이해할 수 있다. 그리고 마음을 열었기 때문에 사회관계에서 억압했던 자신이 나오게 되고, 자신이 무엇을 기뻐하는지, 정확하게 무엇을 원하는지 명료하게 자각할 수 있다. 책이 주는 암시란 바로 그것이다.

이런 식으로 자신에 대한 이해를 바탕으로 자신이 원하는 공부를 하는 것과 자신을 모른 채 타인을 흉내 내며 그저 공리적인 목적으로만 공부하는 것은 열의와 결과에서 당연히 엄청 큰 차이를 보인다. 자신을 이해하는 단계야말로 가장 효율적인 첫걸음이다.

제
3
장

조용한 장소에서
시간을 늘리는 방법

공부를 위한 환경에 대해

01
가장 좋은 서재는
자신의 내면에 있다

언제 어디서든 최적의 장소로 만드는 방법

———

유명한 고전 영화라 할 수 있는 《대부》에는 돈 코르레오네의 훌륭한 서재가 자주 나온다. 하지만 저작이 생업이 아닌 이상 그렇게 훌륭한 서재는 필요 없을 것이다. 글을 쓰기 위한 책상과 의자 그리고 책장이 있으면 서재의 체제를 갖췄을 것이다.

예전에 컴퓨터와 서적, 옷가지를 가지고 호텔에 머물면서 7개월간 일했던 적이 있는데, 호텔 방은 서재로는 충분하지 못했다. 바깥의 소음이 들려오지는 않았지만 금방이라도 들려올 것 같아 불안정했다.

사람들은 대개 서재에서 글을 쓰거나 책을 읽거나 생각을 한다. 이 세 가지는 서로 뒤엉켜 있는 경우가 많은데, 이 중에서 가장 높은 비중을 차지하는 행위는 책을 읽는 일이다. 읽지 않으면 생각하거나 글을 쓸 재료가 없어진다.

　그렇다면 서재의 첫 번째 조건은 안전하고 차분히 책장을 넘길 수 있는 환경이다. 그런 의미에서 발코니나 다실, 거실과 나무 그늘, 침대, 복도 모퉁이 등 어떤 곳도 일시적으로는 서재가 될 수 있다. 이 본질을 좀 더 파고들면 서재란 어느 조건이 충족된 환경을 의미한다.

　이때의 환경이란 특수한 장소나 어떤 목적을 갖고 만들어진 물리적 환경을 뜻하지 않는다. 그 장소에 있으면 자신의 마음이 흐트러지지 않고, 자연스럽게 몰두할 수 있는 상태가 되어야 하므로 환경이라고는 해도 물리적 상태가 아닌 자신의 내적 환경을 가리키는 것일 게다. 물리적인 조건이 아니라 자신의 마음 상태가 그러한 장소를 만든다고 유추할 수 있다. 즉 자신의 마음이 흔들리지 않는 상태일 때 자신이 있는 곳이 서재가 된다는 말이다.

마음이 흔들리지 않는 상태가 되기 위해서는

———

그렇다면 마음이 흔들리지 않는 상태가 되려면 어떻게 해야 할까. 그것은 다음과 같으리라. 흥분하지도 않고 감정적으로도 되지 않는다. 머릿속으로 이 세상의 소음이나 타인의 말이 수선스럽게 들려오지 않는다. 신체적 고통은 물론이고 강한 원망이나 패배감 같은 심리적 고통도 없다.

요컨대 몸과 마음이 조용한 상태다. 그런 상태라면 자신이 있는 곳이 바로 서재가 된다. 이 서재에서 생산적인 작업이 나온다.

02
조용한 곳에서 집중하기

번거로움을 자신 밖으로 내놓는다

────

대체로 누구나 조용한 분위기 속에 있지 않으면 창조는 커녕 사소한 일조차 제대로 마무리할 수 없다. 여기서의 '조용함'이란 자신의 마음이 조용한 것을 말한다. 자신의 마음이 맑고 조용할 때만 모든 생산이 가능하다. 물론 소란 속에서도 자신의 마음을 조용함 속에 놓을 수는 있다.

마음이 조용하다는 것은 자신의 내부에 그 어떤 잡다한 표류물이 없는 상태를 말한다. 누군가의 목소리도 들리지 않고 신경 쓰는 일도 없이 눈앞의 일에만 집중할 수 있다. 물론 살아 있는 한 마음이 어지러울 때도, 신경이 쓰일 때도 있다. 하지만 일단 그것들을 자신의 바깥으로 내놓지 않으면 생산이 불가능하다.

그러기 위해 우리는 일종의 갇힌 공간, 세상의 소란함과 번거로움으로부터 격리된 공간을 필요로 한다. 그 공간이 바로 서재이며, 아틀리에이자 작업실이다.

마음을 평화롭게 만드는 15분의 명상

———

자신의 마음을 조용하게 하는 방법은 많다. 그 가운데 가장 간단하고 금방 할 수 있는 방법은 옛날부터 널리 해온 명상이다. 이 명상은 전혀 종교적인 행위가 아니다. 명상을 하는 방법은 인공의 소리를 내는 물건이 없는 방에서 그냥 아무런 생각 없이 15분 이상만 보내면 된다.

다리를 꼬지 않고 의자에 앉아 등을 펴고 천천히 호흡을 한다. 아무것도 생각하지 않고, 아무런 상상도 하지 않는다. 뭔가가 떠올라도 그 뒤를 쫓아가지 않는다. 마치 머리와 마음이 없는 것 같은 상태로 있는다. 이렇게 하는 것만으로도 조금 전까지 혼탁하고 수선스러웠던 마음이 맑아지고 조용해진다. 뭔가 개운치 않게 남아 있던 감정이 떨어져 나간다. 세상이 멀어진다. 그러고 나서 15분이나 20분 후에는 다시 세상으로 돌아올 테지만, 이때 명상의 효과를 확실히 알 수 있다. 놀랍게도 그 순간부터 자신의 행동에서 망설임이나 주저함이 사라져 있다.

우리는 평소 온갖 감정과 생각을 마음속에 품고 있다. 꼭 해야만 하는 일, 하고 싶은 일, 타인과의 연락이나 스케줄 조정, 무언가 하고자 하는 의욕과 금세 시들해지는 무기력감, 상상과 예상, 집착과 불안, 이 모든 감정에서 생겨나는 심리적 억압과 두려움, 자질구레한 용무, 즉 현실과 머릿속 생각이 무질서하게 뒤섞인 채 어디서부터 손을 대야 할지, 어떻게 해야 할지 망설이면서 결국 시간을 허비한다.

명상한 후에는 그러한 뒤죽박죽인 마음이 개운해지고 정돈된 상태가 된다. 즉 이제부터 꼭 해야 할 일, 그다음에 해야 할 일이 당연한 듯 차례대로 정리된다. 이해득실을 따져 이것저것 망설이는 일이 없다. 회사를 이끌어 가는 사업가라면 이 과정을 시간과 뇌의 비용 대비 성능이 높아지는 일이라고 표현할지도 모른다.

어떻게 부르든 상관없지만 이 방법은 전혀 비용이 들지 않는다. 다른 경우와 마찬가지로 실천할 것인가, 말 것인가를 결정하는 당신의 선택만이 남았을 뿐이다.

03
시간을 자신의 것으로 삼는 방법

시간을 늘릴 수 있다

───

좀 더 많은 시간이 갖고 싶다면 시간을 늘리면 된다. 이렇게 말하면 대부분의 사람은 '하루 24시간밖에 없는데 어떻게 시간을 늘릴 수 있는가' 하고 생각할 것이다. 하지만 극히 소수의 사람은 얼마든지 시간을 늘릴 수 있다는 사실을 실감한다. 이 차이는 대체 무엇인가. 애당초 시간은 물리적인 것일까. 시간이 물질이라면 그것은 죽음으로 이어지는 한 줄의 밧줄이나 염주 같은 것이며, 우리는 그것을 같은 속도로 더듬어 갈 뿐이다. 그리고 하루는 24시간이다. 이것은 각 개인에게 주어진 동등한 양의 배급품 같다.

핵심은 눈앞의 것에 집중할 수 있느냐, 없느냐

———

그런데 극히 소수의 사람은 시간을 그렇게 양으로 환산할 수 있는 물질적인 것으로 생각하지도, 느끼지도 않는다. 과연 어떻게 생각하고 어떻게 느끼는가. 일반적인 시간은 자신의 바깥쪽에 있으면서도 자신의 시간은 자기 내면에 있다고 생각한다. 그것은 다음과 같은 의미를 지닌다.

- 나 자신이 나의 시간을 지배할 수 있다.
- 자신이 시간을 지배할 때는 시간을 새삼스레 의식하지 않는다.
- 시간을 지배하지 않을 때 지루함이나 시간의 소모를 느낀다.
- 무엇을 하든 가장 순조롭게 생산적일 때는 시간을 지배하는 것이다.
- 시간을 지배할 수 있느냐, 없느냐는 자신의 의식 상태와 관련 있다.

여기서 말하는 내용의 핵심은 '집중'이다.

집중하여 뭔가를 하고 있을 때만 인간은 시간을 의식하지 않는다. 시간을 의식하지 않는다는 것은 시간의 절박함을 전혀 감지하지 못한다는 뜻이다. 그래서 느긋한 마음으로 사물에 관여하게 된다. 느긋한 마음이기는 하지만 집중하기 때문에 일을 처리하는 속도가 평소보다 훨씬 빠르고, 계속해서 생산적일 수 있다.

누군가는 이 방법을 각자 마음먹기에 따라 달려 있는 게 아니냐고 반문할지도 모르지만, 마음먹는 것을 스스로 조절할 수 있는 사람은 극히 적다. 그래서 많은 사람이 시간이 없다고 한탄하는 게 아닐까. 사실 시간이 적은 게 아니다. 자신이 집중해서 일에 매달리지 않은 것뿐이다. 마음이 어지럽고 산만해서 눈앞의 일을 처리하지 못하는 것이다. 혹은 매번 사소한 일에 감정을 함부로 소모했다가 흐트러진 그 감정을 어떻게든 가라앉히기 위해 많은 시간을 허비한다.

일단 눈앞의 일에 집중하기를 권한다. 그러면 예전보다 훨씬 짧은 시간 안에 일을 마무리할 수 있고 결과적으로 많은 일을 처리할 수 있다. 그러면 하루를 충분히 풍요롭게 느낄 테고 또한 풍요롭게 사용할 수 있다.

04
시간을 늘리는 기술

1. 취미를 버린다

———

공부를 하기 위해 좀 더 시간을 쓰고 싶다면 취미를 버려야 한다. 단 일주일만이라도 좋다. 그 취미와 멀리 떨어져 있어 보면 금방 알 수 있다. 놀라우리만치 시간이 늘어나고 일주일이 훨씬 더 길어진다.

자기 자신에게 물어보자. 취미의 끝은 전문가로 향하는 길인가. 그런 사람은 몇 십만 명 중 한 사람 정도며, 대개는 그렇지 않다. 아무리 시간이 지나도 아마추어의 소박한 취미에 머물러 있을 뿐이다. 그리고 또 취미는 많은 사람에게 있어 도피의 한 형태다. 혹은 지인을 늘려 고독을 해소하기 위한 수단이다.

취미를 잠깐 멈추면 왠지 쓸쓸한 기분이 들 것이다. 뭔가 부족한 기분이 가시지 않을지도 모른다. 취미가 있는 편이 더 충실한 삶처럼 생각될 것이다. 실은 그 느낌이야말로 의존의 증거다. 알코올중독자가 알코올이 없는 인생을 무미건조하게 느끼는 현상과 같다.

하지만 취미가 자신의 일이나 공부와 연관되어 있다면 더 이상 단순한 취미가 아니다. 자신이 성장하기 위한 중요한 요소이므로 그 시간을 줄일 필요는 없다. 시간을 늘리기 위해 자신의 취미를 버려야 할지, 말지는 누구보다 자신이 가장 정확하게 알고 있을 것이다. 이력서의 칸을 채우거나 누군가에게 떠벌릴 만한 취미는 거의 대부분 시간과 돈을 낭비하는 활동에 불과하다.

2. 망상을 버린다

시간을 풍요롭게 사용하는, 즉 집중하는 방법은 다음과 같다. 집중하기가 어렵다면 활용해 보자.

- 망상과 번뇌를 버린다.

- 생각하지 않고 집착하지 않으며 예상하지 않고 허심탄회한 마음으로 일과 마주한다.
- 바깥의 잡음을 차단하는 환경에 몸을 둔다.
- 후회와 비슷한 반성이나 자기 채점을 하지 않는다.

많은 사람이 '망상'이나 '번뇌'를 성적으로 음란한 생각이라고 멋대로 여기는 경향이 있다. 하지만 여기에서 말하는 망상이나 번뇌는 말의 본뜻 그대로 일반적인 생각을 가리킨다.

이를테면 가족 중 한 사람이라도 늦게까지 집에 안 들어오면 기다리는 사람은 이런저런(특히 나쁜 쪽으로) 상상으로 마음을 끓인다. 그 이런저런 상상이 망상인 것이다. 소위 말하는 걱정이라는 것도 사실과 유리된 망상에 불과하다.

예를 들어 누군가가 자신에 대해 안 좋게 말했다는 사실을 우연히 알게 되었다면 자신이 어떻게 평가되고 있는지, 상대가 자신에 대해 뭔가 오해하는 것은 아닌지 추측한다. 이 역시 망상이다. 또 복권에 당첨되어 거금이 들어오면 어디에 쓸까 하는 생각도 전형적인 망상이다. 단순히 어리석기 그지없는 망상, 번뇌에 불과하다. 마찬가지로 시험 결과를 신경 쓰는 것도 망상이며, 장래를 고민하는 것도 망상이다.

작정하고 재산의 절반 정도를 주식에 투자해 보면 알 수 있다. 그 직후부터 주가의 등락이 계속 신경 쓰여 견딜 수 없다. 재산이 줄어드는 게 아닐까 하는 망상에 사로잡히며 그로 인해 해야 하는 많은 일을 불만족스럽게 처리하는 결과를 초래할 수 있다.

이처럼 망상이나 번뇌는 우리의 시간을 송두리째 빼앗거나 아무 일도 처리하지 못하게 할 만큼 무력화시킨다. 이만한 낭비와 상실이 또 있을까. 머릿속에 온갖 생각이 맴돌고 있는데 실제로는 아무것도 할 수 없어 해야 할 일을 하지 못한다. 이러한 상황의 반복도 당연히 가난으로 직결된다. 왜냐하면 해야 할 일을 제대로 처리해야만 비로소 풍요로워질 수 있기 때문이다.

인간은 변명과 자기변호에 있어 상당히 교활하므로 망상을 하는 경우에도 자신은 '생각을 하고 있다'고 여기고 싶어 한다. 하지만 사고와 망상은 전혀 다르다. 무엇이 사고인지 알고 싶다면 그 답은 책장에 있다. 즉 오랫동안 읽고 있는 책에서 전개되고 있는 논리가 사고의 궤적 그 자체이다.

망상은 늘 떠올랐다가 사라진다. 아무 형태도 남아 있지 않다. 최악의 경우 망상은 현재 상태와 인간관계, 자신의 마음을 파괴한다. 망상 자체에 현실을 파괴하는 힘이 있는 것은 아니다. 망상에 사로잡혀 움직이는 사람이 현실의 상태를 언어와 폭력으로 파괴하는 것이다.

왜 사람들은 그런 짓을 할까. 계속 망상에 빠져 있다 보면 그 망상이 현실처럼 느껴지는데 망상을 현실로 착각하는 과정은 그리 길지 않다. 정말 짧다. 한순간인 경우도 있다.

우리 신변에서 그에 대한 몇 가지 사례를 볼 수 있다. 발끈함, 질투, 사랑이 싹트는 마음, 오해, 낙담, 실망, 원한, 악연 등이 있다. 즉 이들 망상은 파멸로 가는 시작이다. 그러한 망상을 현실로 착각해서는 안 되며 자신의 생각이라고 오해해서도 안 된다.

많은 사람의 하루 시간이 자신도 깨닫지 못하는 사이 이런 망상으로 채워져 있다. 그래서 그 망상을 버리면 그만큼의 시간이 생기고, 그 시간을 본래의 일을 하는 데 사용할 수 있다. 만약 꼭 생각해야 하는 일이 있거나 혹은 대처해야 하는 고민이 있다면 종이에 글과 그림으로 적어 보는 게 가장 이성적이다. 또 그 과정을 통해 현실적인 대처 방법도 쉽게 찾아낼 수 있다.

이 방법은 163쪽에 있는 퍼즐을 풀 때도 마찬가지다. 이 퍼즐을 머릿속으로만 생각해서 풀려고 하면 어렵게 느껴진다. 하지만 연필로 선을 그어 가면서 시행착오를 거듭하다 보면 풀린다. 한번 시도해 보자. 우리가 평소 문제라고 생각했던 것도 대체로 이와 비슷하다.

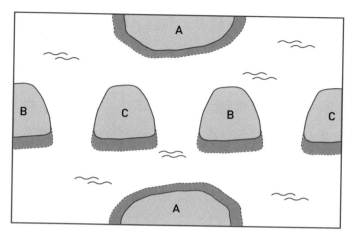

A와 A, B와 B, C와 C의 섬을
서로 교차하지 않는 선으로 연결하라.
단, 틀 밖으로 나가서는 안 된다.

3. 시간 계획을 세우지 않는다

가장 간단하게 시간을 늘리는 방법이 있다. 시간을 무시
하는 것이다.

시간을 무시하라는 말은 이를테면 남은 시간을 신경 쓰거나 정
해진 기한까지 남은 시간을 계산하여 분배하지 않는다는 뜻이다.
조직의 팀워크에 의한 작업이 아닌 경우, 어느 일정한 시간을 분할

하여 작업의 과정마다 배분하는 일은 실제로 무의미하다. 그렇게 시간을 배분하면 효율적일 것 같지만, 처음 얼마 동안뿐이다.

또한 계획한 시간 안에 맞추면 된다는 생각은 더욱 나쁘다. 그런 생각을 하는 이유는 앞으로 어떤 장애도 없이 계획한 모든 것이 술술 기계적으로 처리될 거라는 망상을 현실이라고 착각한 탓이다.

사람이 하는 일은 단순 작업이 아니라서 기계처럼 늘 일정하게 일을 진행할 수 없다. 무슨 일이든 사람이 하기 때문에 농도의 차이가 있다. 피곤해서 업무가 순조롭게 진행되지 않거나 갑자기 몸 상태가 나빠지는 경우도 있다. 커피 한잔이나 어떤 사소한 계기가 능률을 높여 줄 때도 있다. 어쨌거나 한결같지 않으며 시간으로 계획할 수 있는 것도 아니다.

단순한 작업, 이를테면 책 한 권을 읽을 때도 300페이지니까 하루에 30페이지씩 읽어서 열흘 만에 끝낼 수 있는 것은 아니다. 자신의 이해력에 따라 좀 더 짧거나 길어질 수도 있다. 독서조차 일률적으로 시간 배분을 적용할 수 없다.

애당초 자신을 위해 시간 계획을 세우는 것 자체가 마음속으로는 가능하다고 생각할지언정 별로 하고 싶지 않다는 마음의 표현일지도 모른다. 자신이 정말 하고 싶은 일이라면 이미 진행하고 있을 것이다. 즉 시간의 유무와는 관계없이 행동이 앞선다.

인간이 이토록 시간을 의식하고 신경 쓰게 된 것은 근대 이후다. 지각이라는 개념이 확산된 것도 19세기 중반 여객 철도가 생기고 나서부터였다. 즉 산업혁명이 시간과 효율이라는 강박관념을 만들어 낸 셈이다. 사회활동을 하려면 세상이 정해 놓은 관념을 따르는 게 편할 테지만 사적인 일에 있어서는 그렇게까지 시간을 유린할 필요는 없다.

마치 시간 같은 것은 존재하지 않는다는 듯 자신이 좋아하는 일에 충분히 시간을 들이다 보면 영원 속에 있는 것처럼 느껴질 테고, 하고 있는 일이 현실 속에서 순조롭게 풀릴 것이다. 열중하고 있어 심리적인 절박감이 없기 때문이다.

그러므로 시간이 많고 적고는 처음부터 신경 쓸 필요가 없다. 그리고 시간을 신경 쓰지 않기 위해서는 시계를 보지 말 것. 시간을 정해 계획한 대로 움직이지 말 것. 계속해서 집중할 수 있으면 그대로 집중하면 되고, 쉬고 싶을 때는 쉬고 배고프면 식사를 하면 된다.

요컨대 자신이 주체적으로 행동할 수 있는가가 관건이다. 자신의 자발적인 의욕에 순순히 따르다 보면 현재의 시간이 훨씬 풍요로워진다.

05
공부를 시작하는 사람에게 전하는
특별한 충고

아무런 방해도 없는 고독한 이틀을 보낸다

————

30대부터 40대 이후에 공부를 시작하려는 사람이 찾아와 진심 어린 충고를 부탁한다면, 나는 이렇게 말할 것이다.

곧바로 어떤 공부를 시작할 준비를 할 게 아니라 우선 사회와 떨어져 볼 것. 즉 완전히 고독해질 것. 생계를 위한 직업이 있다면 어려울 수 있다. 그렇다면 쉬는 주말 이틀 동안만이라도 사회에서 벗어나 혼자 있어 보면 된다. 가능하다면 5일에서 일주일 정도 고독한 시간을 가져 본다.

그 기간에는 세상과 자신을 연결하는 모든 수단을 멀리해 주변의 인공적인 소리와 정보를 차단한다. 텔레비전이나 인터넷도 보지 않는다. 전화도 받지 않는다. 직접 밥을 해먹으며 홀로 지낸다. 자신을 이 세상과 격리된 상태에 놓는 것이다.

왜 이런 고독에 침잠할 것을 권하는가 하면, 자신이 자신으로 돌아오기 위해서다. 평소의 우리는 막연히 자신이 늘 똑같은 자신이라고 생각한다. 실제로는 그렇지 않다. 진정한 자신이었던 적이 거의 없었을 수도 있다.

평소 자각하지 못할 때가 많은데 사실 우리는 누군가에게 혹은 뭔가에 의존하는 생활을 계속하고 있다. 당장의 역할을 부여 받고 어떤 요구가 있으면 거기에 걸맞게 행동한다. 기업에서 일하는 사람은 그 연속이 일상이 된다. 스스로 생각하는 일 없이 늘 뭔가 문제에 맞닥뜨려야만 해결책을 모색한다.

집으로 돌아와서도 습관이나 욕망의 요구대로 따른다. 아무것도 하지 않으면 오히려 불안해진다. 그래서 빈 시간이 생기면 게임을 하거나 음악을 듣거나 SNS로 연락을 한다. 그러한 갖가지 대응을 인간적인 유대라고 생각한다. 그것들은 사실 자신만으로 존재하는 생활로부터 최대한 멀어지려는 교묘한 속임수에 불과하다는 것을 깨달으려고 하지 않는다.

내가 고독해지라고 권유하는 이유는 온갖 사회적 요구와 자극에 의해 흩어지고 사라진 자신의 단편을 모두 되찾아 다시 자기 내부로 수렴하기 위해서다. 바쁜 스케줄을 삶의 보람으로 착각하는 현대인에게 최초의 고독한 하루는 견디기 힘들지도 모른다. 자신만 홀로 남은 기분이 들 테고, 하는 일 없이 비생산적으로 시간을 보내는 방식에 화가 날 수도 있다. 또 수많은 충동에 사로잡혀 괴로워할지도 모른다.

그런 상태가 되면 참지 말고 충동과 기분을 실컷 발산하면 된다. 사회적인 잔재에 매달리고 싶은 자신을 내팽개치는 것이다. 그리고 홀로 앉아 조용히 숨을 쉰다. 배가 고프면 식사 준비를 한다. 자연을 바라본다. 시간의 1초를 음미한다. 그렇게 자신만으로 하루를 보낸다.

이틀째가 되면 경쟁 사회에서 일하며 사람들을 만나 온 지난날이 왠지 아득하게 느껴질 것이다. 또 자신이 자신으로 정리되어 바로 앞에 있는 듯한 느낌을 받게 될 것이다. 그러면 차분히 시간을 들여 자신과 대화를 한다. 정말로 무엇을 하고 싶은가. 무엇을 할 수 있다고 생각하는가. 지금까지 남몰래 이유를 붙여 계속 미루고 미뤄 왔던 진짜 욕구는 무엇인가. 자신은 어떻게 되고 싶은가. 무엇을 공부하고 무엇을 알고 싶은가.

세상의 평가 기준을 자신의 평가 기준으로 삼지 않는다

———

한정적인 사회에서 자신을 단편적으로만 가지고 있을 때 우리는 욕망의 빈껍데기와 같다. 저것이 가지고 싶다, 이것을 갖고 싶다, 승진하고 싶다, 좀 더 많은 돈을 손에 넣고 싶다, 한밑천 잡고 싶다……. 이런 갖가지 욕망은 세상과의 관계, 타인과의 경쟁이나 비교, 공포심이나 허영심, 자기기만, 오만 등이 촉발되어 생겨난다. 갓난아기처럼 자신만으로 충족되어 있을 때는 결코 생겨나지 않는 것들이다. 그래서 세속적인 욕망이다.

세속적인 욕망에 사로잡히는 것은 결코 채울 수 없는 갈증과 마찬가지다. 욕망이 충족되었다고 느끼는 순간, 곧바로 퇴색되어 버리고 만다. 세상이 끊임없이 변화하는 이상 진정한 만족은 없다. 빈 그릇을 다 채웠을 때는 이미 그릇이 더 커졌거나 형태가 변해 있어서 금세 부족함을 느끼고 만다.

많은 사람이 그런 온갖 욕망을 진심으로 갈망하고 있다고 착각하는 잘못을 저지른다. 왜 그런 잘못을 범하는가 하면, 세상의 평가 기준을 자신의 평가 기준으로 삼기 때문이다. 세상은 늘 변모하므로 평가 기준도 수시로 변한다. 그 차이가 우리를 고통스럽게 만든다. 하지만 자본주의사회의 시스템으로부터 완전히 도망칠 수 없기에 우리가 몸담고 살고 있는 세상을 이해하고 그 세상에서 겪을 수밖에 없는 괴로움이라고 인정해 버리면 그만이다. 여기서 잊지 말아야 할 중요한 점은 그 고통을 개인적 생활에까지 끌어들여 자신의 인생을 왜곡하지 않아야 한다는 것이다.

뭔가에 대해 스스로 공부를 시작했다 해도 그 동기가 세상의 평가 기준으로부터 많은 영향을 받았을수록 공부는 강제적이며 더욱 고통스럽다. 일반적으로 학교 시험이나 자격증 취득을 위한 공부가 힘든 이유도 그 때문이다. 힘든 상황을 더욱 배가시키는 것은 자신이 공부하고 있다는 사실을 주위 사람들에게 떠벌렸을 경우다. 주위 사람들은 세상 그 자체라서 세상의 평가 기준을 이용해 무책임한 감상을 늘어놓는다. 주변의 그런 평가는 반드시 공부에 대한 의심을 내포한 중압감으로 다가온다. 그리고 공부는 의미를 잃고 언젠가 좌절한다.

내부에서 부글부글 솟구치는 힘

덧붙여 항간의 공부법에 대해 알려주는 책 가운데 자신이 공부하고 있음을 주변에 밝히는 편이 중압감으로 다가와 공부가 더 잘된다고 주장하기도 하지만, 이는 일종의 협박이다. 협박하지 않으면 사람을 움직이게 할 수 없는 것인가. 그것이야말로 이 세상의 농간이다.

나는 동기부여라는 말을 들으면 비썩 마른 말의 콧등 앞에 당근을 갖다 대고 흔드는 광경이 연상된다. 이것저것 시키기 위해 이 정도의 보수를 넌지시 제시하면 된다는 사고방식에서 나온 말이 동기부여가 아닐까. 이런 동기부여는 타동적이며, 도구에만 사용하는 것이다. 진정한 동기부여는 외부에서 주어지지 않는다. 자신의 내부에서 부글부글 솟구치는 힘이다.

그 힘의 종류와 방향을 스스로 확인하기 위해 고독한 이틀을 보내야 한다. 무엇을 어떻게 공부할지 계획을 세울 때에도 일단 자발성이 근저에 없다면 오래 지속되지 않는다. 또 어떤 일을 하든 스스로 좋아서 하는 자세가 되어 있지 않으면 성공할 수 없다.

그런 의미에서 갓난아기는 우리의 모범이 된다. 갓난아기는 항상 자발적으로 움직이므로 어떤 결과에도 만족한다. 그런 갓난아기의 힘을 되찾기 위해 가장 먼저 고독해진 후 자신과 마주하기를 진심으로 권한다.

제
4
장

성인의 공부는
인생을
가슴 떨리게 한다

하고 싶은 일과 재능 그리고 지성

01
진정으로 무엇을 공부하고 싶은가

사회성 편중이라는 병에 걸리는 사람들

———

현대는 인간의 사회성을 지나치게 강조하는 경향이 있다. 사고방식이나 행동에 사회성이 있고, 사회 규범을 준수하고 사회에 잘 적응하는 인재를 원한다거나 또는 그래야 한다는 무언의 압력이 있는 듯 보인다.

사회성 편중이라고 표현할 수 있는 그런 경향이 젊은이들 사이에도 충분히 퍼져 있다. 그래서 그 자리의 '분위기'를 잘 파악하느냐, 못하느냐가 'KY'(KY는 공기, 분위기를 뜻하는 kuki와 파악하지 못한다는 뜻의 yomenai의 머리글자를 따서 만든 일본식 조어—옮긴이)라는 말로 한때 유행했다. 주변의 사회적 상황에 어울리는 말과 태도를 가져야 한다는 독특한 은어적 표현이다.

물론 공공장소에서는 사회성이 필요하다. 단, 너무 강조되면 본래의 자기 자신으로 있어도 괜찮은 상황에서도 몸에 밴 사회성이 족쇄로 작용한다. 이를 풍자화로 그린다면, 자신의 집에 있으면서도 복장과 태도가 사회에 있을 때와 똑같은 식이다.

하지만 그저 웃어넘길 수만은 없다. 현실에서는 편안한 차림으로 집에 있지만 머릿속은 여전히 사회성을 중시하는 인간 그대로인 경우가 적지 않기 때문이다. 그래서 뭔가 스스로 공부를 시작할 때도 소위 말하는 사회성이 가급적 많이 포함된 분야나 주제를 선택하게 된다.

그런 모습은 일종의 허세와 거드름에서 오는 것인지도 모른다. 동료나 지인에게 '최근 이런 공부를 시작했어' 하고 떠벌리고 싶어서일 수도 있다. 혹은 자신의 현재 위치에 어울린다고 생각하는 사회성 있는 분야나 주제를 선택했을지도 모른다.

경우야 어떻든 간에 그런 공부 자세는 자신의 내부에서 우러난 것은 아닐 테다. 거기에는 처음부터 진정한 열의는 없고, 공부를 통한 자신의 변화라는 성장도 기대할 수 없다. 많은 사람이 늦은 나이나 혹은 이른 나이에 독학을 시작해서 좌절하는 이유가 그런 데에서 기인할지도 모르겠다.

자신이 진짜 무슨 공부를 하고 싶은지는 자기 자신에게 묻지 않으면 절대 알 수 없다. 실은 공부뿐만 아니라 어떤 일을 하고 싶은지, 무엇을 하고 싶은지, 어떻게 살고 싶은지 등의 문제 역시 자기 자신에게 물어봐야만 알 수 있다.

그러한 질문은 정말 중요한 첫걸음인데, 많은 사람이 막연한 상태에서 주변 사람들이 하는 대로만 하면 된다고 생각하고 실제로 그렇게 행동한다. 예컨대 고등학교나 대학교를 졸업하면 직장에 취직하는 게 당연하다고 말하듯이 말이다.

그리고 개성적이었던 기존의 태도를 버리고 모든 사람을 획일화해 버리는 신입사원용 정장 차림으로 '이제부터는 사회인'이라고 넉살 좋게 말한다. 그러다 운 좋게 어느 회사라도 들어가면 자신의 인생이 이걸로 충분할까 하는 고민을 한다.

우리는 주변에서 이런 유형의 변종을 무수히 많이 본다. 정말 이 사람과 결혼해도 괜찮을까. 정말 이대로 나이를 먹어도 되는 걸까. 자신만 뒤처지는 것은 아닐까. 여기는 내가 있어야 할 곳이 아니지 않을까. 뭔지 모르지만 잘못된 상태로 살아온 건 아닐까 등등.

자신의 마음 깊은 곳에서 들려오는 목소리를 듣지 않고 당장의 이해득실과 관습, 유행과 사회 분위기 등에 따라 움직이고 있었다면 그처럼 부득이하고 불협화음 같은 감정은 아무리 시간이 지나도 사라지지 않을 것이다. 그것은 누구의 인생에나 필연적으로 따라다니는 불안은 아니다.

평가 받는 것, 평가하는 것

———

그런데도 왜 여전히 자신의 마음속 목소리에 귀를 기울이지 않는 걸까. 어쩌면 의존하는 마음을 버릴 수 없기 때문은 아닐까. 예를 들어 사회에 깔려 있는(그런 것처럼 보이는) 레일 위에 올라타기만 하면 되고, 최선의 선택을 하면 최선의 결과를 기대할 수 있으며, 어느 정도의 학력이 있으면 어디서나 인정받을 수 있을 것 같은 마음은 의존의 발로다.

우리가 의존적인 사고방식에 익숙해 있는 것은 학교 교육을 통해 평가 받는 것을 당연하다고 여겨온 탓이다. 즉 자신이 하는 일에 대해 평가하는 사람은 내가 아니라 맞은편에 있는 상대라는 사고방식에 젖어 있다.

평가는 어떤 하나의 시스템, 즉 학교나 회사처럼 좁은 장소 안에서 벌어지는 일에 불과한데 인생도 똑같다고 생각하는 경향이 있다. 또 일상생활에서 우리는 무의식적으로 타인에 대해 평가한다. 그 평가의 기준은 한결같은 세상의 가치관, 즉 젊음, 아름다움, 속도, 강함, 물질적인 풍요다.

우리의 대다수가 숨 막히는 상태에서 해방되기를 남몰래 바라고 있다면, 단연코 그 바람은 현재의 상황이나 장소로부터의 해방이 아니라 세속적 가치관에 칭칭 얽매어 있는 상태로부터의 정신적 해방일 것이다. 하지만 한편으로는 세속적 가치관에 의존하고 다시 세속적 가치관을 일에 적용하여 일상의 양식을 얻기도 한다.

돌이켜 볼 것까지도 없이 어린 시절의 우리에게 세상은 광대하고 매혹적인 신비가 넘치는 미지일 수밖에 없었다. 그랬던 세상이 지금은 어떻게 되었나. 어른이 되어 버린 지금, 세상은 작은 사회일 수밖에 없고 떠들썩하고 정신없이 바쁘고 금전 거래로 가득한 채 탁한 빛깔의 의도와 초조, 걱정거리와 자질구레한 것들로 뒤덮여 있다.

이 둘 중 어느 쪽이 진짜 세상인가 하는 질문은 의미가 없다. 자신이 좋아서 살고 있는 세상이 진짜 세상이기 때문이다. 무기를 손에 쥐면 세계는 전쟁과 불안으로 가득 찬다. 경쟁하면 모든 대상이 배타적인 우열의 경쟁이 된다. 세속적 가치관을 인정하면 자기 자신까지 포함해 모든 것을 그 가치관으로 등급을 매긴다.

왜 사회라는 환상에 질식당하는 걸까

———

어린아이는 천진난만하게 앞으로 무엇이든 다 될 수 있다고 생각한다. 그 아이가 아직 현실을 몰라서가 아니다. 마음과 사고를 자유롭게 어디든 날려 보낼 수 있기 때문이다. 이러한 자유로운 마음은 아이가 그리는 그림에도 잘 나타나 있다.

그 반면 어른은 자신이 무엇이든 될 수 있고 무엇이든 자유롭게 할 수 있다는 생각을 하지 않는다. 어떤 가능성을 꾀하는 경우에도 자신에게 새로운 뭔가를 해낼 능력이 있을까 하고 소심하게 걱정한다.

그 순간 어른이 생각하는 것은 자신이 하고 싶은 일에 대한 모든 가능성이 아니라 자신이 지금까지 해왔던 경험이다. 경험을 해봤기 때문에 이번에도 할 수 있을 거라고 귀납법으로 추측한다. 그래서 경험이 없는 상황에서는 소극적으로 무리라고 예상하는데 이로 인해 결과적으로 그 일을 해낼 가능성은 극히 줄어든다. 무리일 거라고 예상하면서 완수할 수 있는 일은 없다.

어른들은 이미 새로운 일을 실행하기도 전에 과거를 생각하고, 경험을 생각하고, 나이와 시간을 생각하고, 돈을 계산하다 결국 한숨만 쉬며 포기한다. 그러한 태도에 자유로운 비상 같은 성장은 없다. 제한과 억압만이 달라붙어 있다. 아마도 어른들은 지금까지의 지식과 경험을 통해 자신이 이미 그것을 갖추고 있다고 생각할 것이다. 그러면서 갖추고 있지 않은 것은 사용할 수 없다고도 생각할 것이다.

따라서 새로운 일에 대해 겁을 내는 경향이 있고, 특별해 보이는 일에 대해서는 '내게는 재능이 없으니까 이건 할 수 없어' 하고 생각한다. 재능이나 직감은 뭔가에 열심히 몰두하는 동안 몸에 배고 키워지는데도 말이다.

아이들은 반대다. 뭔가를 시작할 때 경험이나 조건, 능력에 대해 생각하지 않는다. 단, 호기심이 발동하는 것, 하고 싶은 것을 솔직히 할 뿐이다. 할 수 있는지, 없는지는 고려하지 않는다. 하기만 하면 만족이다. 어떠한 찰흙 괴수를 만들든 그 결과물은 만족과 기쁨의 최고 형태이다.

정상적으로 산다는 건 그런 게 아닐까. 뭔가 기준에 맞추고 그 방식을 평가한다는 것은 역시 가짜 같다. 자신의 마음이 가는 데까지 하고 싶은 일을 하는 게 인간으로서 정상이리라. 자신이 하고 싶은 일을 하면 반사회적인 행위로 연결될 수 있다고 우려하고 걱정하는 사람이 있을지도 모른다. 반사회적 행위라도 인간적이라면 정상이라고 말할 수 있지 않을까. 애당초 사회적인 모든 것이 곧 인간성이라고는 말할 수 없으니까. 그것은 현행 법률만 봐도 알 수 있다.

우리가 이 사회에 살고 있더라도 자신의 생각이나 공부가 사회에 타당해야만 하는 것은 아니다. 대체로 사회라고 부르는 대상 역시 안정된 통치를 위한 추상적인 관념일 수밖에 없다. 하지만 그 관념 속에 머물며 익숙해지면 실제로 사회라는 것이 존재한다고 착각한다. 그렇게 사람들 각자의 이러한 착오가 모여들어 진한 안개처럼 자욱해진 결과물이 이 사회다. 제2차 세계대전이 시작되기 전 일본의 진한 안개에는 신국神國 일본이라는 묘한 명칭이 붙어 있었다.

관념의 집합체일 수밖에 없는 사회에서 살고 있다는 것은 행정을 위한 인공적인 윤리와 구조 속에서 사는 것과 다름없다. 인공적이라서 인간은 질식감을 느낀다. 수많은 법률로 정밀하게 만들어진 사회일수록 질식감은 강해진다.

그러한 도시에서 사는 사람들에게 음악이나 예술, 철학의 일부가 필요한 이유도 이런 문화가 우리의 인간성이 계속 호흡할 수 있게 만들기 때문이다. 여기서 말하는 인간성이란 우리 내부에 자연스럽게 들어 있는 것, 즉 야성이나 방탕, 원시적인 감성이나 정서까지도 포함한다. 사회가 교육을 통해 인격을 도야하고 교정하고 싶어 하는 부분까지 모두 포함한 것을 말한다.

그런 의미에서 어른은 외견상 인간이긴 하지만 어린아이처럼 한 인간일 뿐 완성된 인간은 아니다. 사회나 교육을 통해 사회 시스템에 맞도록 성형되었기 때문이다. 성형되어 감춰지기는 했지만 야성이나 본래의 감성이 사라진 것은 아니다. 그것은 예술로 승화되거나 악몽 또는 모험이나 폭력으로 표현되는 경우도 있다.

결론적으로 우리 어른은 어렸을 때 가지고 있던 자유로운 발상을 잃어버렸다고 할 수 있다. 그래서 스스로 뭔가를 공부하거나 어떤 것에 대해 철저히 연구하려 한다면 이번에야말로 사회의 보이지 않는 구속으로부터 해방되어 자유롭게 행동해야 하지 않을까 생각한다.

그러기 위해서는 지금 당장 자기 자신에게 진지하게 질문해야 한다. 정말 무엇을 하고 싶은지에 대해서.

02
재능에 대해

재능을 자기 것으로 만드는 두 가지 조건

————

재능을 자기 것으로 만드는 조건 중 하나는 자신이 원하는 단 하나에 대해 두려워하지 않는 것이다. 그다음 조건은 그 단 하나에 대해 계속 관여하는 것이다. 덧붙여 일반적으로 재능이 있다 없다 하고 말하는 경우를 흔히 볼 수 있다. 하지만 이는 '언어의 분절화 작용'에 의해 크나큰 오해를 부를 수도 있는 표현이다.

언어의 분절화 작용이란 언어를 사용하는 데 있어 본래 나눌 수 없는 대상을 나눠 버리는 것을 말한다. 이를테면 아이와 어른이다. 세계 각지의 문화에 따라 의식이나 나이를 기준으로 편의상 아이와 어른을 나누지만, 실제로 그 경계는 없다. 나이 역시 언어의 분절화 작용의 한 사례이다.

동유럽이나 아프리카에서는 민족 간에 무자비한 전쟁이 많지만, 민족 또한 본래 나눌 수 없는데 인간을 민족의 명칭으로 나누어 언어의 분절화 작용이 적용된다. 물론 학교 성적을 포함해 등급을 매기는 모든 것이 분절화 그 자체라 할 수 있다.

일본의 초등학생들은 하늘에 떠 있는 무지개가 일곱 색깔이라고 배운다. 아이들은 일곱 가지 색깔로 선명하게 나뉜 무지개 그림을 그린다. 하지만 진짜 무지개는 결코 색깔이 명료하게 구분되지 않는다. 좀 더 애매한 것이다. 결과적으로 어린아이들은 배운 관념을 그림으로 그린다.

그렇게 인간은 언어의 분절화 작용에 의해 생겨난 관념이 현실인 것처럼 착각하고 만다. 그런 식의 착각을 수없이 축적하며 성장한 결과 차별이 생긴다. 즉 세계는 바로 여기에 있는데, 우리는 언어의 분절화 작용에 의한 착각 렌즈를 통해 바라보므로 제대로 세계를 볼 수 없다.

다시 재능에 대한 이야기로 돌아가 재능이 있다 없다 하는 표현 자체가 분절화된 이후의 표현인 것이다. 이 표현대로 한다면 인간에게 재능의 유무라는 게 있다고 생각해 버린다. 그래서 '저 사람에게는 재능이 있'지만 '이 사람에게는 재능이 없다'고 생각한다.

신의 유무 문제도 마찬가지다. 신은 존재하는가, 존재하지 않는가. 이 물음 자체가 이미 분절화이다. 신의 존재를 묻는다는 것, 즉 상자 속 슈뢰딩거의 고양이Schrodinger's Cat(오스트리아의 물리학자 슈뢰딩거가 1935년 양자역학의 불완전함을 증명하기 위해 고안한 사고 실험—옮긴이)의 존재를 묻는 것처럼 인간은 단순히 있느냐, 없느냐 하는 분절화만으로 사물을 판단하기 때문이다. 그런 의미에서 유신론자나 무신론자 모두 똑같이 안이하다.

타인의 재능은 예단할 수 없다

우리는 어떨 때 누군가에게 재능이 있는지, 없는지를 느낄까. 뛰어난 작품, 탁월한 업무 능력 등을 보았을 때다. 어떤 사람에게서 찬란한 빛과 같은 특출함이 보였을 때 그가 재능이 있다고 확신하는 것은 아니다. 현실에서 드러나는 성과와 행동을 보고 훌륭한 결과를 전제로 재능이 있을 거라고 유추한다. 고로 미리 재능이 있다 없다를 결코 말할 수 없다. 타인에 있어 재능의 유무는 사전에 단정할 수 없다.

단, 자신이 재능이 있는지 없는지는 스스로 알 수 있다. 뭔가 특정한 결과를 만들어 내기 위해 열정적으로 생산적인 노력을 게을리하지 않고 계속하다 보면 재능을 확신할 수 있다. 당연히 타인은 그 과정을 알 수 없다.

만약 자신의 재능에 대해 어떤 불안함이 있다면, 자신이 관계하는 일을 그다지 열심히 하지 않는다는 사실을 스스로 알고 있기 때문이다. 자신의 재능에 대한 불안은 자기 자신에 대한 내부 고발 같은 것이다.

새로운 것을 만들어 낼 용기

자신의 재능에 확신을 가지고 있는 사람은 타인의 눈에 늘 엉뚱하게 보일 수도 있다. 어떤 한 가지 일에 집중하기 때문에 다른 일상적인 부분을 소홀히 하거나 무관심해지기 쉽다. 혹은 관계하는 일에 대한 열정으로 인해 감성이나 가치관이 특별해지기도 한다.

그런 사람은 자신이 열중하는 대상에 대해 겁내지 않는다. 즉 조금의 두려움도 갖지 않는다는 특징이 있다. 그런 점에서 소위 말하는 보통 사람들과 커다란 차이가 있다. 보통 사람들은 항상 자신의 평판에 신경 쓰며, 앞서 설명한 것처럼 가치관의 기초를 자신의 감성이 아니라 세상에 둔다. 또 경제적 이유로 뭔가를 시작하거나 중단한다. 요컨대 늘 자질구레한 두려움을 안고 살아간다.

보통 사람들의 입장에서 봤을 때 재능 있는 사람은 주변 상황을 고려하지 않아서 때로는 이상한 사람으로 보인다. 재능 있는 사람이 보통 사람을 보면 묘하게 망설이는 게 많고 주변만 신경 쓰며 부화뇌동하는 소심한 사람처럼 보인다. 이 둘 가운데 어느 쪽이 옳고 일반적이라고 판단할 수는 없다. 그저 각자 살아가는 삶의 방식만 있을 뿐이다.

하지만 뭔가를 성취하거나 새로운 것을 만들어 내는 사람은 자신이 관여한 일에 대해서만큼은 완벽하게 처리하는 외곬으로 용기 있는 사람이다. 이는 과거 사례를 통해서도 잘 알 수 있다.

03
성인의 공부에는 두 가지 길이 있다

왜 나이를 먹을수록 공부가 어려워지는가

————

왜 어렸을 때는 공부하는 게 쉬운데 나이를 먹을수록 어려워지는 것일까. 그 이유는 자명하다. 생활환경에서의 경험과 지식이 늘어날수록 고정관념도 계속해서 늘어나는데 자신의 내부에 층층이 쌓여 있는 고정관념이 새로운 지식이나 사고방식의 흡수를 거부하는 것이다. 일반적으로 노인들이 고집이 세다고 말하는 이유도 이 때문이다.

하지만 많은 사람이 이에 대해 자각하지 못한다. 자신은 다른 사람들만큼 고정관념을 가지고 있지 않다고 자만한다. 하지만 실제로 우리는 고정관념에 싸여 있고 그 고정관념을 근거로 일상에서 많은 판단을 내린다. 이 고정관념을 보다 친근한 다른 말로 바꾸면 좀 더 이해하기 쉬울 것이다. 고정(고착)관념이란 상식, 관습, 인습, 미신, 착각, 편견, 선입관, 일방적 평가, 틀에 박힌 상상력 등이라 할 수 있다.

하지만 이런 고정관념이 반드시 나쁜 것은 아니다. 상식이나 고정관념은 오히려 사회생활을 무리 없이 해나가는 데 있어 윤활유가 되기도 한다. 대다수가 가지고 있는 고정관념과 거의 비슷한 고정관념을 가지고 있으면 한층 수월하게 동료 취급을 받을 수 있고, 의견이나 가치관의 충돌 없이 잘 맞을 수 있다.

이런 식으로 고정관념은 우리를 안전 지역에 놓아 준다. 하지만 한편으로, 고정관념은 갑옷과 같은 역할을 해서 자신과 다른 관념이나 지식을 받아들이지 못하게 한다. 그래서 새로운 것을 배우려 할 때 공부가 힘든 현상이 일어난다.

인간관이나 인생관, 더 나아가 선악의 관념이나 선입관 같은 것도 우리의 상식과 고정관념에서 태어난다. 흔히 말하는 '꼰대'들이 마치 인생을 다 아는 것처럼 설교를 늘어놓는 것도 당연하다. 그들은 자신의 상식이나 고정관념이 어느 세대나 어느 시대를 막론하고 통한다고 착각한다.

상식이나 고정관념은 말하자면 사회적인 공동 개념이다. 어느 시대나 어느 사회를 살아가는 사람들이 공동으로 가지고 있는 개념이다. 그것은 좁은 장소에서만 통하는 작은 개념으로 어느 시대의 어느 지역에서도 통할 만한 보편적인 개념은 아니다. 그럼에도 그런 상식이나 고정관념에 젖어 있는 사람들은 자신들의 생각이나 가치 판단이 옳고 그것이 누구에게나 통한다고 생각한다.

지역이나 시대에 따라 상식과 가치관은 물론이고 윤리까지도 크게 변모한다. 이를테면 쇼와昭和(서기 1926년부터 1989년까지의 일본 연호—옮긴이) 초기까지는 재력 있는 남자가 첩을 거느리는 것은 일반적이라는 상식이 있었다. 20세기 중반까지 흡연은 어른의 기호여서 오늘날처럼 야유의 대상이 되어 배척당하지 않았다.

이런 식으로 어느 시대나 사회는 큰 틀에서의 상식과 고정관념이 있었고, 그 내부에 기업의 풍토나 장사 방식을 통해 생겨난 독특한 상식과 윤리가 직장인들의 사고방식이나 행동에 배어 있었다. 또 자신이 사는 지역의 상식이 다시 그 내부에, 그리고 또 그 내부에 가정과 가족의 윤리가 있었다.

우리는 현재를 살고 있다. 그렇기에 지금 여기에서 통용되는 상식이나 고정관념을 지니고 살아가는 것이 현명하다. 왜냐하면 그것들을 기준으로 문제를 처리하거나 태도를 결정하면 대다수의 찬성을 얻을 수 있기 때문이다. 대체로 부화뇌동은 이 세상의 우여곡절을 살기 쉽게 해준다. 하지만 여기서 말하는 살기 쉬움은 일상에서의 마찰을 가급적 최소화한다는 소극적인 의미이며, 자신의 의지에 따라 인생을 살아간다는 의미는 아니다.

이때 생겨나는 결과는 외부의 힘에서 오는 삶의 획일화다. 매일같이 똑같은 나날, 똑같은 말, 똑같은 감정의 일상이 이어진다. 사물이나 행동의 가치 그리고 선악과 좋고 나쁨의 기준까지 이미 모든 것이 정해져 있다. 그 상태를 안정이라고 생각하는 사람들은 동물원에서 사는 야성을 잃은 동물과 같은 신세로 자발성이 풍부한 생기를 서서히 잃어 가고 만다.

혹은 자신의 내부에 남아 있는 일말의 자발성을 발휘하기 위해 모험을 내향화시키는 경우도 자주 있다. 그것이 사소한 경우에는 마이붐my+boom(세상의 유행과 관계없이 자신이 좋아하는 것에 몰입하는 현상을 가리키는 일본식 조어—옮긴이)이 될 수도 있고, 편집광적인 경우에는 오타쿠가 되며, 잘못된 방향으로 나아가면 패륜과 마약에 탐닉하게 된다.

앞서도 언급했지만 자신만의 삶의 방식이나 행복 등을 추구하는 것은 관리 사회의 그물망 같은 억압에서 벗어나 자신에 내재되어 있는 힘, 생기, 자발성 등을 발휘하고 싶기 때문이다. 그것이 자연스러운 인간이며 말하자면 인간의 야성이다.

하지만 행복을 추구한다 해도 생각처럼 쉽지 않다. 행복은 흘러가는 물과 같아서 항상 멀기만 하고 아련해 보인다. 우리가 행복을 손 안에 가둘 수 없는 이유는 행복이 여기저기에 존재하는 보물찾기 놀이도 아니며 물질적 조건이 좌우하는 생활에 기반하지도 않기 때문이다.

진짜 행복은 어디에서 오는가

행복이란 자신의 의식 상태다. 놀이에 열중하는 어린아이 같은 상태, 즉 자신의 능력과 감성을 사용하고 있는 상태가 행복이다. 오스카 와일드의 유명한 이야기가 《행복한 왕자》The Happy Prince 라는 제목으로 출간된 이유도 그런 맥락에서다.

그 이야기에서 행복의 주인은 왕자의 동상에서 보석이나 황금 조각을 받은 가난한 사람들이 아니라 왕자의 동상과 한 마리의 작은 제비이다. 왜냐하면 왕자와 제비야말로 자신의 감성과 능력을 실컷 사용했기 때문이다.

애당초 '행복을 추구한다'는 말 자체가 인간을 잘못된 방향으로 이끌기 쉽다. 혹은 '행복을 추구한다'는 말 자체가 암유일 것이다. 거듭 말하지만, 이 세상을 이루고 있는 상식과 고정관념, 법률 등은 좁은 사회 환경에서 원만히 살아가기 위해서는 유용하다. 하지만 개인적인 생활에까지 적용해 자신의 판단 기준으로 삼아 버리는 순간, 자신의 감성과 능력을 어두운 곳에 처박아 놓는 무거운 덮개가 되고 만다.

많은 아이들이 시스템화한 학교 수업에 대해 중압감을 갖는 것은 그 덮개의 무게를 느끼기 때문이다. 그러한 감성을 문학으로 표현한 작품이 헤르만 헤세의 《수레바퀴 아래서》이며, 사회 제도에 의한 획일화에 반기를 든 《황야의 늑대》다. 헤세는 학교의 제도권 교육에서 도망쳐 사회의 파쇼적인 억압에 저항했던 인물이다.

우리 어른은 공부를 할 때 보이지 않는 길이 두 개가 있다. 하나는 종래의 길로, 사회로부터 주어진 사안 혹은 사회에 이미 존재하는 기성의 지식을 그대로 받아들이는 유형의 공부이다. 이는 자신의 머리를 기성의 주물 속에 집어넣는 것이다.

또 하나의 길은 헤세처럼 상식과 고정관념으로 만든 기성의 주물을 뛰어넘어 밖으로 나와 자신의 감성과 능력으로 터벅터벅 자유롭게 공부하는 것이다. 물론 이 황야의 길이야말로 한없이 피곤하다. 강제도, 기준도, 윤리도 없기 때문이다.

그리고 이 길을 걷는 사람만이 새로운 땅에 도달할 수 있다. 지금까지 없었던 관점과 표현 방법에 도달한 유명한 예술가도, 과학자도, 혁신자도 모두 자신만의 황야의 길을 걸어 왔다.

04
정보, 지식 그리고 지혜에 대해

정보란 과거의 데이터에 불과하다

———

나의 상반신과 하반신 사이즈를 알고 있는 점포는 다섯 곳이다. 다른 세 점포는 나의 발 모양과 사이즈까지 알고 있다. 그들 가게에서 양복과 구두를 주문할 때 사이즈를 쟀기 때문이다.

이 여덟 곳의 점포는 나에 대한 지식을 가지고 있을까, 아니면 정보를 가지고 있을까. 당연히 정보다. 왜냐하면 나의 신체 사이즈는 계측한 시점의 것일 뿐이다. 만약 내가 앞으로 생활 방식을 바꿔 폭음과 폭식을 하게 되면 나에 대한 사이즈 정보는 무용지물이 된다. 이런 식으로 정보는 늘 일과성이다.

그렇다면 일기예보가 잘 들어맞지 않는 이유를 알 수 있다. 일기예보는 지나온 과거의 정보에 기초한다. 매년 같은 날 같은 날씨가 반복되는 일은 없다. 자연은 살아 있으므로 시시각각 변화한다. 이 정도까지 아는 사람일지라도 일단 숫자가 나오면 엄연한 사실이라고 믿기 쉽다. 이를테면 선거의 득표 수 같은 것이 그렇다.

어느 후보자가 선거에서 당선된다. 그러면 대부분의 투표자가 그 후보자의 정치 방침을 지지했다고 여긴다. 하지만 단순히 그렇게 생각해도 될까. 실제로는 열성적으로 지지한 게 아니라 그 후보자의 정치 성향이나 공약 등을 거의 모르는 상태에서 부화뇌동한 투표자가 많았을 수도 있다.

애당초 어떤 수치든 숫자 그 자체는 의미를 갖지 못한다. 그런데도 사람들은 그 숫자에 의미를 부여한다. 게다가 그 사람의 사고방식이나 의도, 이해에 따라 의미가 제각각 변해 갈 뿐이다.

요컨대 정보의 특징은 그것이 항상 과거의 데이터이며 현재는 흘러가고 있다는 것이다. 방금 전 내 신체 사이즈는 계측 시점에서의 결과물로 과거의 수치이며, 그 숫자는 변화한다는 의미에서 불안정하게 흘러가고 있다. 인터넷의 정보 역시 마찬가지다.

지식이란 정보를 가공한 것

———

그렇다면 정보를 많이 모았을 경우에는 어떤가. 여전히 개개의 정보가 있는 것에 불과하다. 하지만 많은 정보를 정리하여 늘어놓고, 거기에 경험이나 교육을 통해 배양한 지혜를 적용하여 어떤 관점을 부여할 경우 지식이라 불리는 것으로 변모한다.

이를테면 현지 조사에 의한 동물 데이터를 수집하고 분석해서 그 동물의 습성을 추출했을 경우, 그 동물에 관한 지식이 생겨나게 된다. 지식이란 수많은 정보를 추상화하거나 가공하여 거기에서 유기적이고 의미 있는 관련성을 도출해 낸 새로운 형태이다. 그러한 확고한 지식은 유용하다. 유용하기 때문에 팔린다. 지식으로 승화되지 못한 불안정한 정보만으로는 매수자가 없다. 밭에서 막 수확한 밀은 팔지 못한다. 밀가루로 만들어야만 팔린다. 이용할 수 있기 때문이다.

이쯤에서 정리하자면 소박하고 조야한 정보를 일반적인 수요에 맞춰 가공한 것이야말로 지식이라 불릴 수 있다. 이 지식을 다시 가공하면 또 다른 새로운 지식이 계속 만들어진다. 과학의 발달 구조는 이러한 지식의 무한 생산인 것이다.

지성의 힘을 연마한다

그렇다면 도서관에서 지식을 얻을 수 있을까. 확실히 도서관은 풍부한 지식이 들어차 있는 장소지만, 그것을 자신의 지식으로 획득하기 위해서는 나름의 대가를 지불해야 한다. 학교도 마찬가지다. 학교에서는 풀코스의 요리 같은 형태로 과거의 지식을 가르치지만, 가르친다고 해서 모두 자신의 지식이 되지는 않는다.

지식을 지식으로 받아들이려면 자신한테 그렇게 할 수 있는 힘이 있어야만 한다. 그 힘은 나름의 대가를 지불하고 획득한 것이다. 즉 자신의 힘으로 얻은 모든 경험을 가리킨다. 이를테면 공식을 배우고 암기하여 숫자를 대입한 다음 해답을 도출하는 경험이 아니라, 그 공식을 스스로 고통스럽게 만들어 내는 것과 다름없는 시행착오의 결과다.

또 도덕 시간에 이것이 선이고 그 반대가 악이라고 가르쳐 줘도 나름대로 모든 사안을 선악에 대입하여 모순이나 애매함을 발견하고 다시 생각해 보는 경험이다. 그러한 경험에는 당연히 사고, 시간, 집중이 반드시 필요하며, 즐거움이라는 대가는 동반되지 않는다.

그리고 나서야 비로소 지식이 몸에 배지만, 교사가 공무원인 학교 교육 제도에서는 중요한 부분은 거의 생략된 채 오로지 시험 결과만으로 학생의 능력을 판단하려 한다. 그리고 불행하게도 학생 자신조차 그 숫자가 자신의 능력이라고 착각한다.

그럴 경우 진정한 지성의 힘은 간과된다. 그렇기 때문에 뛰어난 작품이나 업적을 남긴 소수의 사람이 대체로 학교 성적이 좋지 않았다는 사실은 전혀 이상할 게 없다. 그들은 보통의 학생들과 달리 분위기에 휩쓸려 공부하지 않고 하나하나 맞부딪히면서 자기 나름대로 지식을 음미했다. 그만큼 시간 확보가 필요했으므로 다른 과목에 소홀했던 것에 불과하다.

지식을 흡수할 때의 이 구조는 어른이 돼서 일을 하면서도 그대로 적용된다. 몸과 마음으로 진지하게 파고들어 각각의 일이 소중한 경험과 학습으로 몸에 배는 것이다. 그렇게 한 사람만이 독자적인 프로페셔널이 될 수 있다.

하지만 지식은 별의 수만큼 많다. 그 하나하나에 많은 사고와 경험을 사용했다가는 인생을 다 써버리지 않을까. 또 그와 관련된 의문으로, 왜 프로페셔널하다고 인정받는 사람이 종종 다른 분야에 대한 이해도 깊고, 일반인이 미치지 못하는 개성적인 관점이나 의견을 가지는 것일까.

이런 의문은 하나의 지식을 익히기 위한 지성의 힘을 갖게 되면, 그 지성의 힘은 그 지식뿐만 아니라 다른 지식을 흡수할 때도 응용할 수 있다고 보면 쉽게 풀릴 것이다. 지성의 힘은 말하자면 다양한 것을 벨 수 있는 날카로운 칼과 같다. 물론 지식의 분야가 전혀 다르면 지성의 힘이 충분히 흡수할 수 없는 경우도 있다. 우주물리학 등에서 사용하는 차원 해석(자연 현상의 법칙을 구할 때 먼저 영향을 미치는 물리량을 생각하고 그것들을 조합해 무차원 물리량을 구해 관계 짓는 것을 말한다.—옮긴이)의 계산을 정확하게 할 수 없더라도 차원 해석이라는 방법의 의미는 이해할 수 있다.

그렇다고 지식이 항상 만능은 아니다. 정보도 그렇지만 지식 역시 과거의 것에 불과하며, 현재 혹은 앞으로 일어날 가능성이 있는 문제에 대해서는 기존의 지식만으로 도저히 대응할 수 없는 경우도 있다. 그럴 때는 지혜가 필요하다.

지혜가 자유자재로 비약할 수 있게 된다

———

지혜는 기존 지식의 조합에서 생겨나기도 하고, 경험과 지식을 기반으로 한 발상의 비약에서 생겨나기도 한다. 종이접기나 종이비행기는 그러한 지혜의 산물이다. 머리만으로 생겨난 게 아니다.

지혜는 또한 이미 있는 것을 지금까지와는 전혀 다른 사안이나 용도에 적응할 수 있게 돕는다. 이를테면 깃털 펜, 요리 가위, 원래는 군사용 통신망이었던 인터넷 등 우리 주변에는 지혜의 산물이 많다. 문제를 해결할 때도 지혜가 사용된다.

지혜가 작동하느냐, 안 하느냐는 문제를 해결하려는 의지의 강도에 따라 좌우된다. 문제를 해결하고자 하는 의지가 약한 처리만 원한다면 재판처럼 전례를 답습하는 정도로 대응할 수 있다. 하지만 기업에서 획기적인 제품을 개발하는 것은 그만큼 강한 의지를 요구한다.

지혜의 해결력은 지식에 의한 해결력을 훨씬 상회한다. 문제를 바라보는 관점이 높아서 마치 하늘 위에서 내려다보듯 대응하기 때문이다. 논리의 수법이 수평적이라면 지혜는 입체적인 파악과 이해의 구조를 가지고 있다.

논리적으로만 생각하는 사람의 입장에서 보면, 그것이 터무니없는 비약으로 보이기도 한다. 회화의 사실적 수법밖에 모르는 사람의 입장에서 보면, 파블로 피카소의 '아비뇽의 처녀들'이 이상한 그림 방식처럼 보이는 것과 매한가지다. 그 작품이 지혜에서 생겨난 발상과 그에 의한 참신한 입체적 표현이라고는 짐작도 하지 못한다.

물론 논리는 중요하다. 그런데 그 논리에 지혜가 결부되면 논리는 비상하고 만다. 고대 때부터 이 사실을 깨닫고 있었다. 동양과 서양의 각지에 남아 있는 용(드래곤)의 전설이나 모티브를 보면 알 수 있다. 용은 뱀의 몸통과 새의 날개를 가지고 있다. 뱀이란 논리가 자아낸 지식의 메타포다.

옛날 사람들은 땅을 기는 뱀의 모습을 보며 뱀을 착실하게 논리를 진행해 나가는 것에 비유했다. 뱀은 《성서》의 '창세기'에서는 에바Eva(《구약성서》에 나오는 인류 최초의 여성 이브의 라틴어—옮긴이)에게 지식을 전수하고, 고대 그리스 시대부터는 의학 지식의 심벌로 여겨졌으며 현대에 들어서는 의료 설비와 구급의 마크로 사용될 정도로 특별한 가치를 담고 있다.

그 뱀에 날개가 달리면 용이 된다. 날개가 있기 때문에 더 이상 땅만 기지 않고 어디든 높이 비상할 수 있다. 이는 관점을 자유롭게 변경할 수 있는 지혜의 특징을 의미한다. 용의 모습은 지식과 지혜가 합체되었을 때의 메타포다. 용이 이상하리만치 강한 존재인 까닭은 그것이 자유자재의 지혜이기 때문이다.

05
스페셜리스트가 아닌 제너럴리스트로

괴테, 칸트, 파스칼······ 19세기까지 지의 제너럴리스트들

———

괴테의 희곡 《파우스트》에서 팔걸이의자에 앉은 파우스트 박사는 불안한 표정으로 이렇게 한탄한다.

"아아, 나는 철학도 법학도 의학도, 원통하게 아무 쓸모도 없는 신학까지, 뼈를 깎는 노력으로 밑바닥의 밑바닥까지 연구했다. ······(중략)······ 대체 이 세계를 깊고 깊은 곳에서 통일하고 있는 것이 무엇인지, 그것이 알고 싶었고, 거기에서 작용하는 온갖 힘, 온갖 종자, 그것이 보고 싶었다."

파우스트의 이런 감상을 들었을 때 보통 사람은 어떻게 생각할까. 별다른 느낌이 없을까. 모든 것을 알고자 하는 파우스트 박사를 신마저 두려워하지 않는 오만한 인물이라고 생각할까.

혹은 이런 대사를 내뱉는 인물은 정신이 병들어 있다고 생각할까. 정말 많은 사람이 파우스트 박사처럼 세상의 모든 것을 알고 싶어 하는 욕망을 갖고 있지 않을까. 수많은 경제적 부를 얻고 싶어 하는 욕망보다 더욱더 말이다.

요한 볼프강 괴테는 1749년 프랑크푸르트에서 태어나 1832년에 사망했다. 그는 법학, 시학 공부를 했고 승마와 검술에 능했으며 프랑스어, 이탈리아어, 영어를 유창하게 할 수 있었을 뿐만 아니라 라틴어, 그리스어, 히브리어를 자기 것으로 만들어 지금도 고전으로 불리는 '들장미' 같은 시와 소설, 희곡을 썼다. 또한 자연 과학 분야를 연구해 《색채론》이나 《식물변태론》을 저술, 서른 살 때는 바이마르공국의 대신이 되었다.

그런데 현대인들은 그처럼 다방면에서 활약한 괴테를 자신과 전혀 다른 별종의 거인으로 여길지도 모른다. 그렇다면 18세기의 철학자 임마누엘 칸트는 어떠한가. 칸트는 괴테보다 한 세대 빠른 1724년에 태어나 1804년에 삶을 마감했다. 칸트의 저작은 《순수이성비판》이 가장 유명하지만, 그는 철학만 전문으로 했던 대학교수가 아니었다. 저작의 극히 일부만 살펴봐도 다음과 같이 다양한 분야에 걸쳐 있다.

《지구의 회전축의 변화》, 《천체의 일반적인 자연사와 이론》, 《불에 관한 고찰》, 《지진 원인론》, 《물리적 단자론》, 《자연지리학 강의》, 《낙천주의에 대한 시론》, 《신의 존재 증명 논거》, 《뇌의 질병에 관한 시론》, 《영혼을 보는 자의 꿈》, 《감성계 및 독지계의 형식과 원리에 대해》, 《단순한 이성의 한계 내에서의 종교》, 《근본적인 악에 대해》, 《도덕형이상학》, 《영구평화를 위해》.

그리고 미학, 정치철학, 역사철학, 종교철학, 법철학, 윤리학, 인간학, 인식론에 대해 강의하거나 저술을 남겼다. 요컨대 칸트 역시 이세계의 모든 것을 알고 싶어 했던 것이다.

칸트가 《순수이성비판》을 쓰는 데 결정적인 영향을 준 《인성론》의 저자 데이비드 흄(1711~1766)도 철학뿐만 아니라 역사, 정치, 경제에도 해박했고 실무로는 국무대신 차관을 역임했다.

동시대의 러시아에서는 미하일 로모노소프 Mikhail Lomonosov (1711 ~1765)라는 학자가 있었다. 그는 어린 시절부터 어부인 아버지를 도우며, 그 옆에서 빌린 책으로 독학하다 열아홉 살에 모스크바의 아카데미에 들어갔다. 그러다 독일에서 유학을 했고 상트페테르부르크 과학아카데미에서 화학 교수가 된 후 학장이 되었고, 모스크바 대학의 전신을 설립했다.

로모노소프는 러시아 최초의 러시아어 문법서를 저술했고, 러시아 역사서를 썼으며, 모자이크화를 그렸고 북극해 항로와 금성의 대기를 발견하는가 하면 시인으로도 유명했다.

그들보다 약 반세기 전의 하노버에는 고트프리트 빌헬름 라이프니츠Gottfried Wihelm Leibniz(1646~1716)가 있었다. 라이프니츠의 이름은 미적분의 발명과 이진법 연구로 알려져 있어서 수학 전문가로 생각하는 경우가 많을 테지만 철학 분야에서도 저서 《모나드론》Monadology이 유명하다. 그는 그 밖에도 신학, 동양철학, 정치학, 물리학, 법학, 역사학, 경제학에서도 탁월했다.

프랑스에는 블레즈 파스칼(1623~1662)이 있었다. 그의 이름은 현대에서도 기압의 단위 헥토파스칼로 남아 있다. 물론 모든 학생이 학교에서 파스칼의 정리를 배울 테지만, '인간은 생각하는 갈대이다'라는 말로 유명한 철학서 《팡세》를 남겼다. 열아홉 살에 톱니바퀴식 계산기 '파스칼리느'를 제작했고, 확률론의 창시자이기도 하며, 동시에 신학서를 쓰는가 하면 실험 물리학자이기도 했다. 그리고 이 수재는 서른아홉 살에 죽었다.

고대 그리스의 아리스토텔레스부터 19세기 무렵까지 유명한 저작자는 제너럴리스트, 즉 다양한 분야를 오가며 광범위한 관심과 지식을 갖추고, 공통어라 할 수 있는 라틴어로 저작할 수 있는 '종합 지식인'인 경우가 적지 않았다.

그런데 19세기 이후부터 현대에 이르기까지 학자나 지식인은 각각 한 분야에 있어서 스페셜리스트, 즉 '전문가'인 경우가 많아졌다. 그들의 논문도 라틴어가 아닌 각국의 언어로 쓰이게 되었다.

현대의 전문가인 학자가 이를테면 재야의 저작자나 지식인을 제너럴리스트로 부르는 경우가 있는데, 대개는 경멸의 뉘앙스를 띠고 있다. 즉 범위는 넓지만 철저하지 못하고 정확도가 낮은 어중간한 지식만 남용하고 있다는 의미인 것이다.

신화학과 인간의 삶의 방식을 결부하여 탁월한 공적을 남긴 20세기의 학자 조지프 캠벨은 자신을 제너럴리스트라고 불렀다. 그러면서 그는 이와 같이 말했다.

"우리가 학교에서 배우는 내용은 생활의 지혜가 아닙니다. 우리는 테크놀로지를 배우고 있습니다. 정보를 얻고 있습니다. 기묘하게도 학자들은 자신들의 주제가 어느만큼 생활에서 가치가 있는지 밝히지 않습니다. 현대의 과학(그것은 문화인류학, 언어학, 종교 연구 등도 포함되어 있는데)에는 전문 분화의 경향이 있습니다."

현대에 들어서는 상품이나 상법에 국한되지 않고 지성도 특화하는 경향이 있다. 그리고 어느 한 분야의 전문가라는 것이 학자로서의 장사 도구가 되었다. 전문가는 전문 분야와 그 나머지 분야를 관런지으려고 하지 않는다. 그는 연구비를 받으면서 전문이라는 가늘고 깊은 구멍 속에서 여유 있게 살고 있다.

구멍 밖의 밝은 지표에 있는 존재가 제너럴리스트들이다. 그들은 세계를 알고 싶다는 호기심이 동하는 대로 마구 확보하며 여기저기에서 다양한 지식을 서로 연결한다. 그리고 거기에서 생겨난 지성을 어떻게든 인간이 살아가는 데 응용할 수 없을까 탐색한다. 조지프 캠벨은 물론이고 많은 지식을 가진 사람들도 모두 제너럴리스트이다.

한편 전문가는 뭔가를 해명하기 위해 노력하는 것처럼 보인다. 하지만 해명이란 사물이나 사물의 구조를 한 관점에서만 바라볼 뿐이다. 즉, 전체를 보지 못한다. 이를테면 어느 약이 어느 병에 효과가 있다는 사실을 스페셜리스트는 발견해 낸다. 그런데 그 약이 어째서 그 병에 효과가 있는지는 모른다. 마찬가지로 어떻게 비행기가 하늘을 나는지도 모른다.

전문가들은 지식과 논리가 통할 때만 무언가를 발견해 낼 수 있다. 바꿔 말하면 언어로 표현할 수 있는 것만 파악할 수 있다는 말이다. 우리는 무엇이든 전부 언어로 표상해 낼 수 있다고 착각하지만 언어로 설명할 수 있는 것은 그리 많지 않다.

왜냐하면 언어는 문법에 따라 차례대로 말을 늘어놓지 않으면 의미를 전할 수 없고, 아무리 많은 말을 사용하더라도 의미의 일부조차 적확하게 표현해 낼 수 없다. 드뷔시의 피아노곡 '월광'의 아름다움을 언어로 설명하기란 불가능하다.

그럼에도 우리는 '월광'의 아름다움을 느낄 수 있다. 왜냐하면 그것을 듣고 감동한 경험이 있기 때문이다. 성의 신비한 쾌감도 마찬가지다. 그런 식으로 경험하고 나서야 비로소 이해하고 체감할 수 있는 것이 이 세상에는 차고 넘친다.

안타깝게도 그 영역으로 전문가적인 지성은 들어설 수 없다. 요컨대 지성은 표현으로써의 언어를 따를 수밖에 없으므로 어떤 사실과 사물의 일면만 설명할 수 있을 뿐, 인간의 삶 자체를 설명할 수 없다. 그래서 표현에 있어서는 예술 분야가 전문가적인 지성보다 훨씬 고도한 위치에 있다고 말할 수 있다.

모험, 거기에서 일반적인 지식이 생겨난다

16세기 무렵에 살았다는 연금술사 파우스트 박사가 아니라 19세기 괴테의 희곡 《파우스트》에 나오는 파우스트 박사는 다양한 학문에 능통했지만 세계의 모든 것을 알 수는 없었다. 이것이야말로 그의 지성의 좌절이었다. 그래서 파우스트 박사는 메피스토펠레스와 계약하여 청년으로 변신한다.

그리고 다시 한 번 인생을 살며 연애를 하고 결투를 하고, 황제로 추대되어 전쟁을 승리로 이끈 후 결국 바다를 메우는 대사업에 뛰어든다. 그 결과 가장 사랑하는 사람과 그 아이를 죽게 만들고, 다시 더 많은 사람을 죽게 하거나 실망에 빠트린다. 최후에는 실명하여 악마에게 영혼을 빼앗기려는 순간 과거 사랑했던 여성의 영혼에 의해 하늘로 올라가게 된다.

희곡에서 전개되는 파우스트의 생애는 비극의 형식을 띠고 있지만 한 인간의 생애치고는 부끄럽지 않은 인생이었다. 왜냐하면 인생도, 세계도 지성으로만 처리할 수 있는 게 아니라는 사실을 깨달았기 때문이다. 또 몸소 체감하는 차원까지 올라갈 수 있었던 데다 의기양양한 인간으로서 자신에게 한계를 느끼거나 두려워하지 않고 과감하게 온갖 모험에 도전했다.

현대인은 파우스트와는 정반대의 삶을 살고 있다. 만들어진 교육 시스템에서 필요 사항을 필요한 만큼만 암기하고, 지식을 다음 사회적 단계로 나아가기 위한 도구로 이용하며, 높은 임금과 안전, 보호를 요구하는 한편 교활함을 지혜라고 생각한다. 게다가 비루한 욕망의 일부분을 음란한 장소에서 남몰래 맛보고 주식과 연금을 계산하면서 노화와 죽음을 두려워한다. 그 삶의 방식은 땅속에 사는 벌레나 매한가지다.

땅속에 사는 벌레라고 표현한 것은 자신의 주변만 주된 관심사로 여기며 살기 때문이다. 그러한 삶의 방식에는 전체를 내려다본다는 개념이 없다. 사고방식의 비상도, 행동의 모험도 없다. 손 안의 작은 사안만 좇는 스페셜리스트는 될 수 있을지언정 날아다니며 시공간을 자유롭게 오갈 수 있는 제너럴리스트는 될 수 없다.

우리 각자의 공부도 마찬가지다. 뭔가에 쓸모가 있을 것 같아서 하는 공부는 고역이나 다름없다. 하지만 공부를 하는 도중이라도 자신의 내부와 일치하는 호기심에 따라 공부의 깊이와 범위를 넓혀 간다면 공부는 모험과 같은 양질의 떨림을 가져다줄 것이다. 그렇게 얻은 제너럴한 지식은 자신뿐만 아니라 많은 사람들의 삶의 방식에 응용할 수 있게 된다.

제
5
장

지금
무엇을 배워야
할 것인가

철학 사상과 종교

01
왜 외국어 학습은 어려울까

왜 배우고 싶은가

———

　외국어를 배우고 외국어를 잘하고 싶은 사람이 적지 않다. 그런 사람들의 동기는 무엇일까. 혹은 그들은 자신이 진심으로 무엇을 원하는지 알고 있을까.

　아는 외국인과 술집에서 기탄없이 이야기하는 것을 즐기고 싶은가. 지금까지 몰랐던 체취의 상대와 섹스를 해보고 싶은 것인가. 국내뿐 아니라 세계 무대에서 활약하고 싶은가. 혹은 뭔가 기묘한 망상에 시달리고 있을 뿐인가.

　나는 일본에서도, 외국의 학교에서도 외국어를 배운 적이 있는

데, 그 경험에 비춰 보면 학급의 90퍼센트 이상의 학생이 시기의 차이는 있지만 결국 중도 탈락하고 만다. 순조롭게 다음 단계로 나아가 최종 시험까지 도달하는 사람은 극히 소수다.

그 당시 나는 낙오하는 학생들을 게으르다고 생각했는데, 지금은 다른 이유가 있었을 거라고 추측한다. 즉 언젠가 사라지는 학생은 외국어를 배우는 이유나 동기가 상당히 절실하지 않았던 게 아닐까 싶다.

이를테면 스파이나 테러리스트들이 다른 나라에 잠입하여 임무를 수행해야 한다면 외국어 습득에 최선을 다할 것이다. 그들에겐 외국어가 절실하게 필요하다. 무역회사 직원이 파견 국가의 언어를 익히는 것도 필수이다.

학자나 글 쓰는 사람들도 사정은 마찬가지일 것이다. 가토 슈이치는 《머리 회전을 좋게 하는 독서 기술》에서 언어 습득에 대해 이렇게 말하고 있다.

'저는 영어와 독어 회화를 할 수 있게 된 것과 동시에 상당히 빨리 읽을 수 있게 되었습니다. 이는 말하자면 우연의 결과인데, 제게 그럴 필요가 생겼기 때문입니다. 하지만 영어, 독어, 불어 회화를 해야 하는 필요가 생기기 전, 제가 일본에 살면서 외국인을 거의 한 명도 만나지 못했지만 어떻게든 그 내용을 알아야 할 필요가 있었기에 겨우 외국어 책을 읽을 수 있었습니다. 저는 외국어를 배우려고 했던 게 아니라 외국어로 된 책을 읽고 내용을 알고 싶었던 겁니다.'

필요에 의해 꼭 알아야 하는 것은 일부러 암기하려 애쓰지 않아도 금방 외울 수 있고 익숙해진다. 그것은 일을 처리하는 방식이나 외국어 습득에서도 마찬가지다. 그런 사람들은 어떻게든 외국어를 배우기 위해 역 앞에 있는 외국어 회화 학원에 주 2회 다니는 사람과는 전혀 다른 차원에서 살고 있다.

후자는 외국인과 가볍게 말할 수 있으면 좋겠다는 게 첫 번째 목적이다. 전자는 외국어를 도구로 사용하려는 만큼 첫 번째 목적은 아니다. 또 용돈 정도의 금액을 지불하고 통근하면서 가볍게 외국어 회화 학원을 다니는 사람은 그 외국어를 사용하는 나라의 문화와 역사, 지리 등에는 대체로 관심이 없거나 지식이 이상하리만치 부족하다.

그런데도 막연한 동경을 품고 외국어를 한마디라도 하면 멋있다고 생각하는 신기한 사람들이다. 아니, 어쩌면 외국어 회화를 배우는 게 현실도피 중 하나일지도 모른다. 그러한 도피 자세는 외국에서 살게 되더라도 언젠가는 다른 형태로 드러날 것이다.

단 한마디뿐일지라도 그 언어를 알고 있다

———

그렇게 애쓰지 않고도 외국어를 습득하는 사람에게는 몇 가지 공통점이 있다. 그중 하나는 그 외국어 공부를 하기 전부터 틀리거나 서툴더라도 단어나 단문을 수십 개에서 수백 개 정도 쓰거나 읽어서 이미 알고 있다는 점이다. 다시 말해 예전부터 그 외국어권 문화 등에 흥미를 느낀 나머지 관련 문헌이나 자료를 많이 읽어 보고 각종 미디어 등을 찾고 검색하면서 알게 된 것이다.

그래서 아주 자연스럽게 그 외국어 단어나 단문, 표현 방식을 배울 수 있다. 그 나라의 음악이나 정치 등도 어느 정도 알기 때문에 그 외국어권의 정보나 상황에 대해 깊이 알고 싶어지고, 그 수단의 하나로 외국어를 공부하게 된다.

이것은 실리를 위한, 필요에 의한 도구 혹은 통로로써의 외국어이다. 국내뿐 아니라 세계에서 활약하기 위해서라는 한없이 애매하고 추상적인 동기는 전혀 없다. 자신에게 확실하고 구체적인 동기가 있기 때문에 외국어를 배우더라도 도중에 포기하지 않는다.

그런데 외국어를 안다고 해서 뭔가 특별한 것을 알 수 있는 상황은 거의 없을 것이다. 물론 그 외국어만의 미묘한 뉘앙스를 감지할 수 있긴 하지만 작가나 번역, 비교언어에 관한 일을 하는 사람이 아닌 이상 그리 중요하지 않을 것이다.

어느 정도 외국어를 습득한 다음 어떤 공부나 일을 위해 그 나라에서 살 수 있는 기회가 생기더라도, 세계 어느 나라 사람이든 똑같이 고민하고 비슷한 불평을 하며 악착같이 살아간다는 사실만 재인식할 뿐이다. 물론 그렇게 모두가 비슷하기 때문에 다른 나라의 예술 작품 등을 이해할 수 있는 것이지만.

외국어를 몰라도 그리 큰 문제는 되지 않는다. 외국어를 배울 기회가 없어도 그 나라에 대해서는 이미 번역된 내용만으로도 충분히 이해할 수 있다. 현대의 번역 문학은 아주 훌륭하다. 딱 하나 조악한 것이 있다. 바로 영화의 자막이다. 대사를 번역할 때 문장이나 뉘앙스를 너무 많이 생략한다. 만약 대사를 전부 번역한 영화가 있다면, 외국어 습득의 재료로 쓸 만할 것이다.

교재는 무엇을 사용하는가

———

외국어 습득에 비용과 시간을 들여도 좋다면 전문적으로 어학을 가르치는 선생으로부터 하루 종일 맨투맨 수업을 받을 수 있는 외국계 어학교에 반년 이상 다니면 된다. 반년 치 수업료가 일반 회사원의 연봉 이상 비용이 들겠지만 외국어를 빠르게 습득하는 데 효과가 있다.

이와는 반대로 비용과 시간을 절약하면서 외국어를 배우고 싶다면, 교육 방송의 프로그램이 도움이 된다. 원어민한테 직접 배우는 정도의 진도보다 느리고 질의응답도 불가능하지만 기초적인 습득에는 상당히 괜찮은 방법이다. 일반적으로 잘 팔리는 외국어 교재의 수준이 자신의 학습 진도에 큰 영향을 주지는 않을 것이다. 어떤 교재라도 큰 차이는 없다. 조금 전에 말했듯이 자신이 정말 외국어를 배울 필요가 있는지, 없는지 그 상황만이 핵심 포인트가 된다.

그 경우라도 우선은 모국어를 잘 알고 있어야만 한다. 모국어 실력이 뛰어나지 않은 사람이 외국어를 잘한다는 기적과 같은 일은 절대 일어나지 않는다. 바꿔 말하면 외국어 학습의 기초를 만드는 힘은 모국어의 풍부한 독서량에서 나온다. 외국어 이해의 첫걸음이 거기에 있다.

라틴어를 배운다

———

자신이 배우고 싶은 외국어 외에 아주 조금이라도 좋으

니까 라틴어를 접해 보면 좋다. 왜냐하면 서양에서는 외국어 스펠링이 라틴어에서 파생한 것이 많기 때문이다.

의학이나 성적 용어도 대부분 라틴어 그 자체이다. 우리가 평소 무심히 사용하는 말에도 라틴어에서 파생한 것이 많다. 바이러스, 휴먼, 에러, 아쿠아, 빵, 와인, 에고, 팩트, 애드리브, 페르소나, 애드혹크, 아모르 등. 또 축구 팀 이름도 라틴어인 경우가 많다.

차 이름도 라틴어가 적지 않다. 프리우스는 선구자를 의미하고, 아우디는 듣는다를 뜻한다. 오디오라는 영어가 청각과 관련한 말이라는 것쯤은 간단히 유추할 수 있다. 우리는 매일같이 라틴어를 접하고 있는 셈이다.

이런 사례에서도 알 수 있듯, 라틴어를 조금이라도 알고 있으면 공부한 적 없는 외국어 철자를 봐도 의미와 내용을 부분적이나마 추측할 수 있다. 이는 공부할 때도 상당히 유용하며 여행을 가서도 쓸모 있는 지식이 된다.

02
독학하는 힘에 대해

기력을 단련하기 위한 손쉬운 방법

———

여기서 말하는 독학하는 힘이란 기초 학력이나 이해력
이 아니다. 그런 종류의 힘은 독학하면서 자연스럽게 생긴다. 독학
의 초기에 꼭 필요한 요소는 물리적인 힘, 즉 근력이다. 적극적인 기
력을 만들어 내는 근육이 충분하지 않으면 공부 같은 것은 할 수
없다.

그러기 위해서는 정상적인 식사, 영양, 운동, 수면 등이 필요하다.
그런 요소가 충족되지 않으면 공부를 위한 의욕조차 생기지 않는
다. 피곤할 때는 책을 읽어도, 영화를 봐도 제대로 이해하지 못했던

경험이 있을 것이다.

특히 운동은 의지력에 영향을 준다. 시험 삼아 윗몸일으키기 50회 이상, 팔굽혀펴기 50회 이상, 바른 자세에서의 스쿼트_squat(바벨을 어깨에 올리고 서서 쭈그렸다가 다시 일어서는 운동—옮긴이) 20회 이상의 기초적인 트레이닝을 2주 동안 계속해 보면 된다. 기력이 좋아지고 건강해지는 변화를 실감할 수 있다. 기력은 체력을 동반하기 때문이다.

고대 그리스의 플라톤만 해도 레슬링 선수였다. 그의 스승 소크라테스는 종군 경험이 있고, 니체 역시 지원하여 보불전쟁(1870년부터 1871년까지 프로이센의 지도하에 통일 독일을 이룩하려는 비스마르크의 정책과 그것을 저지하려는 나폴레옹 3세의 정책이 충돌해 일어난 전쟁—옮긴이)에 참전했다. 괴테의 정력에는 혀를 내두르지 않을 수 없고, 헤밍웨이의 거친 낚시는 전설적이다. 디킨스와 프루스트, 커포티를 제외하고 건강하지 않은 몸은 생산적이지 않았다.

체력이 있어도 극심한 슬픔, 초조, 불안, 공포가 마음속에 있으면 독학은 어렵다. 하지만 그런 것도 인생이므로 피할 수만은 없을 것이다. 도망치지 말고 맞서 하나하나씩 자신의 힘과 인내로 극복해 가야 한다. 즉 정신적으로도, 육체적으로도 강인하지 않으면 독학은 어렵다.

혼자만의 풍요로운 시간

———

개인적인 견해지만 학교 성적이 좋았던 사람이 반드시 독학의 잠재력도 높다고 할 수는 없을 것 같다. 독학은 일종의 지적인 추구이며, 이미 정해져 있는 정답을 맞히는 공부가 아니다. 일반적으로 세상에서 인정하는 수재의 특징은 무엇이든 정답이 있다는 착각으로 가득 차 있다.

그래서 그들은 수많은 시험이나 자격 취득에 유리한 위치를 선점하고 있다. 또한 기성의 시스템에 대응하는 데 노련하기 때문에 조직에 속해 있는 인재나 종업원으로는 꽤 유능할 것이다.

독학이란 세상에서 통용되는 사안의 틀 밖에 서는 일이다. 세상 바깥쪽에 서는 것이 목적이 아니라 독학을 하면 결국에는 세상의 밖에 서지 않을 수 없다. 왜냐하면 독학을 하기 위해서는 지금까지의 생활을 바꿔야만 하기 때문이다. 친구와 교제할 시간은 극단적으로 줄어들 것이다. 그만큼 혼자 있는 시간이 정말 많아진다. 하지만 이 상태가 이 세상에서 거절당했다는 의미에서의 고독은 아니다.

어쨌든 혼자 있는 동안은 자신이 가장 흥미를 가진 사안에 몰두할 수 있다. 또한 책을 통해 동서고금의 사람들과 떠들썩하게 토론을 한다. 그런 의미에서 독학하는 사람의 머릿속은 정말 분주하여 조금도 고독하다고 느끼지 않는다. 오히려 집단으로 존재하는 사람보다 훨씬 더 풍요롭다.

독학이 불안한 사람에게 해주는 말
———

그런데도 여전히 똑같은 생활을 하면서 짬짬이 조금씩이라도 독학을 하고 싶다면 독학하는 힘은 제로나 마찬가지다. 사물의 기본 개념조차 모르는 소리이다. 앞서 비트겐슈타인의 말처럼 무엇인가를 손댄다는 것은 다른 것에 손을 대지 않는다는 의미다. 모든 것을 손대고 모든 것을 수중에 넣기란 누구도 불가능하다. 레스토랑에서 모든 요리를 주문해서 그것을 전부 먹을 수 없는 것과 같다.

혹은 독학하는 생활에 불안을 느끼는 사람도 있을 수 있다. 그런 사람에게는 헤르만 헤세의 단편소설 《클라인과 바그너》에 있는 다음과 같은 말을 해주고 싶다.

'사실 사람들이 불안하게 느끼는 것은 단 하나뿐이다. 즉 몸을 던

지는 것, 미지의 것 안으로 발을 들여놓는 것, 모든 게 보장되어 있는 안전지대를 아주 조금이라도 넘어가는 것이다. 한 번, 단 한 번만이라도 자신을 내동댕이친 적이 있는 사람은 위대한 신뢰를 느끼고, 자신을 운명의 손에 내맡긴 사람은 불안으로부터 해방된다. 그들은 더 이상 지상의 법칙을 따르지 않는다. 그들은 우주에 낙하하여 별들과 함께 윤무를 추는 것이다.'

03
관찰에서 생겨나는 통찰력

통찰력이 없으면 지식도, 지혜도 없다

———

지식이나 지혜는 책을 중심으로 공부했을 때에만 생겨나는 것은 아니다. 평소 생활하면서 주의 깊은 관찰에서도 많은 지식을 얻을 수 있고, 지혜도 생겨난다. 동시에 날카로운 통찰력도 갖게 된다. 하지만 통찰력이 없으면 관찰한 것은 지식도, 지혜도 되지 못한다. 통찰이란 관찰한 사안들 간에 혹은 자신과의 관계에서 어떤 연결고리가 있는지 연역적인 사고 없이 간파해 내는 것이다.

이를테면 아트만이라는 이름의 개를 키운 쇼펜하우어는 동물을 관찰하면서 다음과 같은 통찰에 이르렀다.

'동물은 우리보다 훨씬 현실 세계를 사는 것에만 만족한다. ……
동물은 우리 인간과 비교해 어떤 의미에서 정말 현명하다고 말할
수 있다. 즉 편안하고 불투명하지 않은 현실을 향유한다는 점에서
그렇다. 동물은 육체를 얻은 현실이다. 그 명확한 정서의 안정은 사
고와 불안에 의해 누차 동요하고, 불만을 쉬이 품는 우리 자신을 부
끄럽게 만드는 데 일조한다. ……우리가 애완동물에 대해 갖는 기
쁨은 그야말로 이 동물 특유의 현실에 완전히 매몰되어 있다는 부
분이 크다. 애완동물들은 의인화된 현실이며, 우리에게 스스럼없는,
불투명하지 않은 시간의 가치를 느끼게 해준다.'

즉 개나 고양이 같은 반려동물은 귀여움으로 인간을 치유하는
게 아니라 오직 현재를 살아가는 만족을 구현함으로써 인간에게
치유와 가르침을 준다는 것이다. 이것을 뒤집어 보면 대다수의 인
간은 현재를 충분히 살고 있지 못하며, 상상과 기대, 후회에 사로잡
혀 고통받고 있다는 뜻이다.

쇼펜하우어의 관찰의 시선은 물론 동물에게만 향하는 것은 아니
다. 인간에게도 똑같은 시선이 향하고 있다. 그렇기 때문에 관찰을
통해 이 같은 통찰이 생겨난 것이다. 통찰은 특별한 힘이 아니다. 증
거나 흔적으로 범인을 유추해 내는 경찰 업무는 당연히 통찰에 의
지한다.

책을 읽으며 거기에서 깊은 깨달음을 얻을 수 있는 것도 통찰이다. 사태가 어떻게 진행될지 예상하는 힘도 통찰이다. 관찰과 통찰은 우리가 살아가는 데 있어 빼놓을 수 없다.

그런데 현대는 각자가 일일이 통찰하지 않아도 될 만한 편리한 기기와 시스템으로 둘러싸여 있다. 우리는 이러한 환경을 당연한 듯 이용하며, 스스로 다시 생각해 보거나 관찰에 의한 통찰을 전혀 활용하지 못하는 것은 아닐까. 그 결과 모든 일을 노하우로 대처할 수 있다고 여기는 삶의 방식이 대두되었다. 섹스부터 취직, 노후의 삶까지 인생의 거의 모든 사안에 대해 기성의 노하우가 준비되어 있다.

이런 상황에서 우리는 어떻게 자신의 인생을 살아갈 수 있을까. 사는 것이 아니라 그저 거기에는 지루한 수순만 있는 게 아닐까. 그 단계에 이르면 세계 전체가 구조도 내지는 전체 모습은 보이지 않는 블랙박스로만 느껴진다. 오늘날 우리가 느끼는 뭔지 모를 답답함은 그런 환경에서 생겨나는 게 아닐까. 이런 상황을 우려해 에리히 프롬 Erich Pinchas Fromm (1900~1980, 미국 신프로이트 학파의 정신분석 학자이자 사회심리 학자—옮긴이)은 이미 1970년대에 《보다 잘 산다는 것》에서 이렇게 말했다.

'원시인은 근대적인 의미에서의 교육, 즉 교육기관에서 상당량의 시간을 허비하는 교육을 거의 받지 않는다. 원시인은 관찰하고 거기에서 습득하는 행위를 무턱대고 강요받는다. 날씨나 동물의 행동, 다른 인간의 행동을 관찰해야만 한다. 원시인의 생활, 생명은 특정한 기능을 획득하느냐, 못하느냐에 달려 있다. 그리고 그 획득은 자기 자신의 행동과 행위에 따른 결과물이며 20분간의 퀵 레슨을 받는 걸로 끝나지 않는다.

우리의 교육은 사고의 향상이나 능동적 상상력의 발달에 도움이 되지 않는다. 오늘날 보통 사람은 혼자 생각하는 것을 거의 하지 않는다. 학교나 매스미디어에 의해 제시된 데이터만 기억한다. 자신이 관찰이나 사고를 통해 알아야 할 것을 실제로는 아무것도 모른다. 사물을 사용하는 데 사고나 기능이 그리 필요 없다.'

이미 편리한 환경에 둘러싸인 우리는 이제 원시인의 감성으로 되돌아갈 수 없다. 그렇다고 해서 적극적인 관찰을 통해 얻은 통찰의 눈으로 주변을 간파할 수 있는 기회를 버려서도 안 될 것이다.

오히려 자신의 삶에 대한 진정성을 되찾기 위해서라도 기성의 세계관이나 인생관을 버려야 한다. 또 자신에게 의미 있는 세계와 인생을 찾기 위해서라도 독학을 하거나 생활할 때 관찰의 눈을 날카롭게 벼리고, 생생한 통찰을 가능케 할 만한 새로운 자신을 매일같이 창조해 가야 하지 않을까.

04
유학생은 어떻게 공부해야 할까

수많은 시행착오를 겪은 나의 독일 유학

———

유학생의 공부라는 일반적인 개념은 당연히 없다. 어느 나라로 유학을 가느냐에 따라 다르기도 하고, 대학과 학과에 따라서도 천차만별이기 때문이다. 여기에서는 출간의 의도대로 나의 체험 중 극히 일부를 참고해서 기술하겠다.

독일의 괴테협회에 속한 어학교 중 두 곳에서 봄부터 여름까지 4개월을 보낸 후 베를린자유대학의 입학 시험에 떨어져 귀국해야 했지만 어찌어찌 간신히 입학했다. 게다가 철학부였다. 정확히는 고전문헌 학부였다. 전공과목의 수강 말고 어학 수업도 받아야만 했다. 그 어학이란 고대 히브리어, 고대 라틴어, 고대 그리스어, 중세 독일어였다. 한 번의 수업에서 교재의 10페이지부터 20페이지가량을 읽어야 하는 빠른 진도였다.

한 번 수업을 받을 때마다 한 사람이 세 번이나 네 번은 꼭 지목당했다. 그래서 밤 9시 반에 수업이 끝나면 곧바로 방으로 돌아와 다음 주 강의를 준비하지 않으면 따라갈 수 없었다. 이것만으로도 일본의 대학과는 상당히 다르다는 점을 알 수 있다.

하지만 이 정도의 강도는 독일 대학에서는 당연했다. 이를테면 베를린의 달렘 숲 속에 있는 동아시아연구소에서 일본어를 배우는 독일인은 일본어만 배우는 게 아니다. 동시에 북경어, 광동어까지 배운다. 그리고 이 모든 언어를 마스터해야 한다. 물론 모든 학생이 완벽하게 수행하지는 못한다. 좌절하는 학생도 적지 않다.

전공 분야의 학위 하나를 취득하기도 쉽지 않다. 자신의 연구 주제로 논문을 써서 배포하고, 그 내용을 교단에 서서 한 시간 정도 발표한다. 그리고 틈틈이 다른 학생이나 교수로부터 날아오는 예리한 질문에 충실히 대답해야만 한다. 그러고 나서야 겨우 학위를 수여한다. 실제로는 교수의 평가가 기록된 한 장의 작은 증명서다.

그런 엄격한 수업을 받다 보면 당연히 조사, 분석, 집필, 설득의 힘이 생긴다. 그 힘은 물론 사회에 나가서도 도움이 된다. 그렇다고 해도 컴퓨터와 인터넷이 보급되지 않았던 1980년대의 자료 찾기는 무척 고생스러웠다.

서점은 많았지만 서적이 비싸서 많은 학생이 도서관을 이용하는 게 보통이었다. 일본의 신문까지 비치돼 있기 때문에 자주 이용했던 베를린 주립도서관에서는 백수십 년 전의 논문을 마이크로필름으로 읽을 수 있을 만큼 자료가 잘 관리되어 있었다.

내가 아는 한 독일 대학은 일본인이 갖고 있는 대학의 개념과는 전혀 다르다. 열여덟 살에 입학하여 부모가 내주는 돈으로 공부하는 학생은 적은 편이다. 대부분의 학생이 자력으로 생활하며 대학 수업을 받고 있다. 예를 들어, 긴 여름방학 동안 공장에서 일하거나 1년 동안 돈을 벌어 저축한 후 이듬해에 다시 대학을 다니는 경우도 있다.

그래서 학위 취득이 서른 살이거나 마흔 살인 경우도 비일비재하다. 좀 더 연배가 있는 학생도 드물지 않다. 혹은 이미 의학박사인데 다른 문과 계열의 학위를 취득하기 위해 공부하는 사람도 있다. 군

복무를 마치고 나서 대학에 들어오는 사람도 있다. 이런 자유가 가능한 이유는 독일에서는 대학의 수업료가 무료이기 때문이다. 비용은 자신의 생활비와 보험료, 책값뿐이다.

그 자유로움 때문에 아주 오랜 시간이 지나도 학적을 그대로 유지하는 사람도 있다. 학생증명서가 있으면 보험료가 싸기도 하고, 교통기관에서 학생 할인을 받기 위해 학생 신분으로 남아 있는 교활한 사람도 있다. 또는 그런 혜택 때문에 대학에 들어오려는 외국인도 있다.

공장 등에서 일하는 것을 썩 내켜 하지 않았던 나는 아르바이트로 영화나 텔레비전 엑스트라를 했다. 일당을 받는 쉬운 아르바이트라고 생각했는데, 점차 대사를 해야 하거나 영화 스태프 명단에 이름이 나오게 되었다. 그러자 독일 정부에서 배우 세금을 지불하라는 명령서가 나왔다.

•

그 순간 내가 하고 싶은 일을 하고 있지 않다는 사실을 깨닫고 일을 그만두었다. 대사를 외우는 등 연기하는 일이 고통스럽지는 않았지만 아침에 스튜디오에 가서 메이크업을 한 채 저녁 무렵까지 기다리는 과정이 견디기 힘들었다. 게다가 내게는 배우에게 필요한 나르시즘 성향이 없었다.

나르시스트는 아니었지만 그 당시 젊었던 만큼 오만함은 있었다. 그래서 나는 외국인이지만 문장 감각에 있어서만은 탁월하다는 자부심으로 긴 여름방학에 독일어로 몇 편의 단편소설을 쓰기 시작했다. 더 나아가 그 내용을 교수에게 보여 주었다.

교수는 나에게 출판을 해보지 않겠느냐고 제안했다. 하지만 나는 그 자리에서 제안을 거절했다. 이유는 나 혼자만의 책이 아니라 다른 외국인 작가와의 앤솔로지였기 때문이다. 이 오만함이란, 나는 오만방자했다.

외국에서 살다 보면 꿈속에서도 모국어가 아닌 외국어로 말하는 경우가 많아진다. 왠지 일본이 멀게 느껴지고 실제로 일본의 정보에도 소원해진다. 그래서 일본식 레스토랑에서 몇 달 전에 발행된 일본 주간지를 받아 와 읽는 시늉을 했지만, 그러다 보면 두통이 찾아온다.

왜 두통이 생기는지는 알 수 없었지만 주립도서관에서 일본 소설을 빌려 와 읽자, 이번에는 두통 대신 시원한 물을 마셨을 때와 같은 청량감이 느껴졌다. 그런 느낌을 준 것이 오가와 구니오와 마루야마 겐지의 소설들이었다. 아마도 뇌가 단정한 문장을 원해서 그랬을 것이다.

       귀국해서 반년 동안은 언어생활이 잘되지 않았다. 상대 방의 일본어를 대충은 이해할 수 있었지만 정상적인 일본어로 대답하지 못했다. 머리는 독일어로 생각하고 사물의 명칭은 독일어로만 나왔다. 재빨리 반응할 때는 전부 독일어가 되었다. 이때 비로소 실감했다. 베를린자유대학은 나의 독일어 능력 증명서를 발행해 주었지만 그 유효 기간은 반년뿐이었다.

나는 유학을 뭔가 빛나는 삶의 하나라고 생각하지 않는다. 유학은 각오 없이 뛰어든 인생과 마찬가지로 수많은 위험으로 가득한 모험 같다. 게다가 이국에서는 고독하고 궁색하다. 그래도 참고 견디면서 조금씩 나아가야만 한다.

아마도 진지하게 공부하려는 뜻을 세운 순수하고 젊은 사람일수록 그것을 강하게 느끼지 않을까 싶다. 물론 실험이나 현장 경험이 필요하지 않은 문과 계통의 사비 유학생에게만 한정되기는 하지만 말이다.

05
시간이 부족할 때 필요한 공부법

아홉 시간의 속성 학습법

어느 사안에 대해 요점을 이해하고 다른 사람에게 알기 쉽도록 전달해야 한다. 하지만 준비 시간은 한정되어 있다. 3일간의 여유는 있지만 그 준비에 사용할 수 있는 시간은 실질적으로 하루에 세 시간 정도이고, 총 아홉 시간 안팎이다. 이럴 때는 벼락치기 공부로 해결할 수밖에 없다.

곧바로 컴퓨터 앞에 앉아 인터넷으로 위키피디아를 열거나 그 사안에 대한 자료를 검색한다면 오히려 시간을 낭비하게 될 가능성이 높다. 왜냐하면 인터넷 정보를 섭렵하는 것은 막대한 전단지의 홍수 속에서 참고 서류를 찾는 것이나 다름없기 때문이다. 게다가 그것이 정확한지, 아닌지도 의문이다.

시간 여유가 없기에 헛수고를 할 수는 없다. 그렇다면 우선 백과사전을 마주하는 게 빠르다. 도서관에 가면 몇 종류의 백과사전이 있으므로 꼭 조사해야 하는 사안과 관련된 페이지를 전부 복사한다. 그것도 최소한 세 종류 이상의 상세한 백과사전을 말이다.

그러면 총 10여 페이지에서 20여 페이지가 될 것이다. 그것들 중에서 가장 분량이 적은 기사부터 찬찬히 읽으며 핵심 부분이라고 생각되는 곳에 밑줄을 친다. 빈번히 나오는 용어에는 동그라미를 해둔다. 이렇게만 해도 그 사안에 대한 대강을 개관할 수 있다.

다음으로는 서점에 가서 책장을 들추지 말고 책등의 제목만 보고 그 사안에 대해 쓴 것 같은 신서新書를 세 권에서 다섯 권 정도 산다. 책을 여러 권 사는 이유는 내용상의 차이를 극복하기 위해서다. 여기까지 두 시간에서 세 시간 정도 소비할 것이다.

단행본이 아니라 신서를 구입하는 것은 일반인을 대상으로 작고 저렴하게 만들어진 경우가 많아서다. 분량도 적다. 하지만 만화로 설명하는 입문서는 추천하지 않는다. 내용이 편향된 경우도 적지 않고, 전문 저자가 아닌 외주 작가가 썼기 때문에 설명도 충분하지 않으며 너무 간단한 경우가 많다. 그리고 만화라는 장르의 특성상 쓸데없는 부분이 너무 많다.

신서를 다섯 권 샀다면 그 다섯 권의 목차를 펼치고 비교해 본다. 자신이 조사하고 싶은 사안에 대해 정확히 서술했을 것 같은 책을 두 권 고른다. 그때의 기준은 목차만 보아도 내용을 대충 짐작할 수 있느냐, 없느냐이다.

목차가 시시콜콜 캐고 드는 문장이거나 묘하게 수수께끼 같은 문장 혹은 에세이풍이라면 그 신서는 당장 도움이 되지 않는 것으로 판단해도 좋다. 또한 저자의 이력은 내용과 전혀 관계가 없으므로 무시해도 된다.

그리고 두 권을 속독하기 시작하는데 시간이 없는 관계로 처음부터 읽을 필요는 없다. 자신이 알고 싶고 알아야 하는 내용을 목차에서 찾아 그 챕터부터 읽는다. 내용을 명료하게 이해할 수 없을 때는 다른 책의 동일한 내용으로 여겨지는 부분을 읽는다. 그러면 무엇을 중심으로 읽어야 할지 금방 알 수 있다.

그냥 읽기만 하지 말고 밑줄과 동그라미를 적절히 표시해 가며 읽는다. 하지만 읽으면서 밑줄을 쳐서는 안 된다. 이렇게 하다 보면 밑줄투성이가 되어 수습이 안 된다. 한 구절을 읽고 나서 혹은 한 챕터를 다 읽고 나서 중요하다고 생각되는 부분에 밑줄을 적당히 친다.

이렇게 필요한 사안에 관한 책을 읽고 나면 미리 복사해 둔 백과 사전 자료를 다시 읽는다. 그러면 자신이 빨리 읽어야만 했던 사안이 입체적으로 머릿속에 들어와 있다는 것을 깨닫게 된다. 만약 그렇지 않다면 정확하게 이해하기 위해 읽어야 하는 부분이 더 남았다는 뜻이다. 그럴 때는 부족한 부분을 더 찾아서 읽는다. 진짜 이해하는 수준에 도달하면 백과사전의 복사 자료가 얼마나 일목요연하게 정리되어 있는지에 대해서도 생각이 미칠 것이다.

이것으로 끝이 아니다. 자신의 이해뿐만 아니라 다른 사람에게도 설명해야 하므로 용어를 정리할 필요가 있다. 그 사안에 대해 꼭 필요한 용어는 다섯 개 정도일 테니까 그 용어를 누구나 정확하게 이해할 수 있게 다시 고쳐 쓴다. 이 작업은 자신이 그 사안을 제대로 이해했는지에 대한 점검이기도 하다.

마지막으로는 그 사안에 대한 설명을 두 종류로 써본다.

하나는 용어를 사용한 설명문 열 줄, 또 하나는 용어를 사용하지 않은, 일상적이고 평이한 표현으로 바꾼 설명문 한두 줄이다. 이것은 많더라도 세 줄, 80자 이내로 정리한다.

처음으로 설명을 듣는 사람이 이해할 수 있는 게 이 정도 수준이다. 이 마지막 작업은 두 시간 정도 걸려도 괜찮다. 몇 번이고 다시 고쳐 쓰다 보면 서서히 최상의 설명문으로 마무리된다. 이렇게 하는 데 총 소요된 시간은 대략 아홉 시간, 비용 5,000엔 정도로 끝내는 벼락치기 공부법이다.

06
지금 무엇을 배우고 있는가

거의 모든 사안을 알 수밖에 없다

———

우리는 무엇을 배우면 될까.

이 물음에 대해 나는 '무엇이든 마음대로'라고 대답한다. 혹은 '거의 모든 사안을'이라고 진지하게 대답할 것이다. 그러면 상대방은 곤혹스러운 표정으로 "그런 모든 사안이라는 말은 무리예요. 그러니까 이것만은 꼭 필요하다 싶은 것으로 압축해 줄 수 없을까요?" 하고 말할지도 모른다.

그 질문에 대해 나는 "당신에게 필요한 것이 무엇인지 내가 어떻게 알 수 있나요?" 하고 반문할 것이다.

그러면 다시 상대방은 "아니, 이를테면 현대를 사는 인간이라면 꼭 배워야 할 게 있을 테니 그중에서 가장 중요한 것만이라도 골라 주시면 좋죠."

"당신은 가장 중요한 거라고 말하지만 중요성을 결정하는 기준은 무엇인가요?"

"아니, 그렇게 말씀하시지 마시고."

"그럼 역시 저의 대답은 같습니다. 거의 모든 사안을 배워야 한다는 거죠."

나는 짓궂은 게 아니다. 진지하게 대답하고 있다. 그럼에도 상대방이 납득하지 못하는 것은 왜일까. 상대방이 내 대답의 범위를 미리 상정하고 있었기 때문이다. 내가 "그럼 말이죠, 역시 이 시대에는 정신적인 분야, 즉 종교 같은 것을 우선 공부하는 편이 좋을 겁니다." 하고 대답해 주기를 기대하는 것이다.

그렇다면 왜 내게 물어본 걸까. 자신이 예상했던 범위 안의 사안을 마음대로 공부하면 될 텐데. 아니면 내게 확인 받고 싶었던 것일까. 확인이 필요하다면 도장부터 낙관까지 많이 가지고 있다. 하지만 내게 물어본 이상 나는 그 사람을 위해 구체적으로 대답해야만 한다. 그래도 역시 대답은 '거의 모든 사안'이다.

거의 모든 사안을 공부하라고 대답해서 상대방이 곤란해하는 것은 서점이나 도서관에 있는 수많은 분야의 모든 책을 상상하기 때문이다. 그럴 시간도 없고, 모두 너무 어렵다고 생각할 것이다. 정말로 도서관의 책을 처음부터 다 본다면 보는 도중에 인생은 끝나 버린다.

나는 그런 의미에서 이 세상에 있는 모든 사안을 공부해야 한다고 말하는 것이 아니다. 하나의 사안을 깊이 이해하려고 노력한다면, 그러는 가운데 거의 대부분의 사안을 알 수 있다는 의미이다.

예를 들어 종교를 공부하기 시작해도 충분히 이해하기 위해서는 지리나 역사, 정치, 경제, 철학, 과학까지 알아야 한다. 그런 의미에서 무엇을 공부하든 마찬가지다. 언젠가는 광범위한 사안을 알아야 할 필요가 생긴다. 혹은 그 수준까지 도달하지 않으면 공부한 보람이 없다.

내게 무엇을 공부해야 하느냐고 묻는 사람은 아마 나의 이런 대답에도 만족하지 못할 것이다. 분명 그 사람은 다음과 같은 생각으로 무엇을 배워야 하느냐고 질문했을 것이다. 즉 현대를 이해하기 위한 포인트가 될 만한 분야를 배우고 싶다, 그 분야의 지식을 익혀 일에 도움이 되었으면 좋겠다, 교양으로써 어떤 한 분야에 대한 깊은 조예를 갖고 싶다 혹은 뭔가를 공부하여 자신의 인생에 무기로 삼고 싶다.

이런 마음은 잘 안다. 공부를 통해 확실히 뭔가를 얻고 싶은 것이다. 뭔가를 얻어 자신의 능력 중 하나로 삼고 싶은 것이다. 이러한 사고방식이나 일종의 의욕은 자격증을 취득하여 전문직에 종사하려는 사람과 비슷하다. 공부와 같은 일종의 노력의 대가로 뭔가를 얻을 수 있다고 생각한다.

서점에서는 그렇게 포괄적인 의미에서의 소유를 원하는 사람을 위한 책이 많이 팔린다. 그만큼 수요가 많다. 아마추어를 상대로 하는 책도 그렇다. 요리책이라면 맛있는 요리를 만드는 방법이 알기 쉽게 설명되어 있다. 그대로 따라 하면 맛있는 요리를 만들 수 있다. 수많은 사람이 싸고 간편하게 뭔가 가치 있는 것을 얻으려 책을 구매한다.

내가 '그건 정말 야비한 근성이다' 하고 비판한다 해도 그들은 눈도 깜짝하지 않을 것이다. 하지만 공부하면 무엇인가를 얻을 수 있다고 생각하는 사람이 일단 공부를 진지하게 시작하고 또 계속해 나간다면 나는 그들을 더 이상 야비하다고 생각하지 않을 것이다.

왜냐하면 공부를 계속해 나가는 동안 그 사람은 변할 수 밖에 없기 때문이다. 예를 들어 정말로 요리 공부를 하려고 한다면 학창 시절에 힘들어 했던 화학이나 물리도 공부해야 한다. 그렇지 않으면 기본이 되는 조미료의 순서가 왜 '사시스세소'(일본 음식에 들어가는 기본 조미료의 순서를 말한다. 조미료의 이름 중 한 글자를 따서 정해진 말이 '사시스세소'이다. 즉 '사'는 '사토砂糖-설탕', '시'는 '시오塩-소금', '스'는 '스酢-식초', '세'는 '세醬油-간장', '소'는 '미소味噌-된장'이다.—옮긴이) 인지도 알 수 없다. 하지만 그 이유를 알았을 때 누구나 지금까지의 자신으로부터 조금씩 벗어나 변하는 것이다.

공무원이 되기 위해 사법시험을 공부하는 사람을 나는 야비하다고 생각한다. 하지만 합격하여 법률이란 무엇인가 하는 단계까지 폭넓게 끊임없이 공부한다면 나는 그에게 박수를 보낼 것이다. 그 사람은 공부하는 과정에서 당연히 《함무라비 법전》Code of Hammurabi(고대 바빌로니아 제1왕조의 제6대 왕인 함무라비 왕이 그의 만년인 BC. 1750년경에 제작한 성문법—옮긴이)과 《성서의 레위기》Leviticus記(이스라엘인의 종교 의식, 예배, 일상생활에서 지켜야 하는 율법을 기록한 《구약성서》의 세 번째 책으로, '모세 5경'에 속한다.—옮긴이)까지 읽고, 더 나아가 가치나 선악에 대한 철학까지 손댈 수밖에 없게 된다.

공부가 그 수준까지 도달하면 그 사람은 이제 과거의 그가 아니다. 그것이 교양이며 지성인 것이다.

교양이란 높은 곳을 향해 변모해 가는 것

교양이란 말의 의미는 일반적으로 여전히 느슨하고 애매하다. 대학에 교양 학부나 교양 과정이라는 게 있지만, 이 경우와 일반교양이라는 말은 기초 과정이라는 의미만 담고 있을 뿐이다. 성숙된 인격으로 행동하는 사람을 교양인이라고 부를 때의 교양과는 의미가 상당히 다르다.

교양이라는 이 미묘한 말은 독일어의 빌둥Bildung을 번역한 것이다. 빌둥은 빌덴Wilden이라는 동사에서 파생했다. 짓다, 만들다, 도야하다, 양성하다, 형성하다를 뜻한다.

괴테의 《빌헬름 마이스터》(《빌헬름 마이스터의 수업시대》와 《빌헬름 마이스터의 편력시대》)라는 장편소설은 빌둥스로만이라 불리며 일본어로는 '교양소설'이라고 번역된다. 정말 밋밋한 느낌의 번역 명칭이지만 그 의미를 살려 산문적으로 번역하면 '경험을 쌓으며 자기 변혁을 이뤄 가는 소설'이 된다. 자신이 높은 곳을 향해 변모해 가는 것이 교양, 즉 빌둥의 본래 의미다.

단순히 무엇 무엇을 위한 공부는 결코 교양이 되지 못한다. 이는 목적을 달성하기 위한 수단에 불과하다. 자격을 취득해도 그 사람이 대단한 인물이 되지 못하는 이유는 교양이라는 자기 변혁이 결여되어 있기 때문이다.

하지만 어떤 자격을 취득하기 위한 공부를 통해 여러 분야로 넓혀 갈 수 있는 공부를 함으로써 변해 간다면 그것이야말로 교양인의 길을 걸어가는 것이다. 실제로 그러한 공부야말로 아무리 시간이 지나도 재미있다. 자신이 변해 가는 공부만큼 재미있는 것은 없다.

인간의 행동 이면에는 반드시 철학 사상과 종교가 숨어 있다

그런 의미에서 무엇을 공부해야 할 것인가가 아니라 얼마나 폭넓은 공부를 할 것인가가 핵심이 된다. 그런데도 현대인에게 어떤 공부가 필요하냐고 묻는다면 역시 종교와 철학이 기초로 중요하다고 나는 생각한다. 인간의 가치 판단이나 윤리적 행동의 깊은 곳에는 반드시 종교와 철학이 숨어 있고, 각자 세계관의 배경이 된다.

그렇다 해도 많은 사람이 종교 서적이나 철학서를 읽고 철학의 내용대로 자신의 행동을 결정하는 것은 아니다. 즉 철학 사상이나 철학의 기반이 되는 종교적 사고방식이 각 시대의 사상적 원천이 되고, 그러한 사회적 분위기가 많은 사람의 사고방식과 행동에 영향을 미친다. 하지만 많은 사람이 그런 사실을 전혀 자각하지 못하고 있다.

현대 일본인의 내세관이 그 전형이 아닐까 한다. 요즘 많은 사람이 죽으면 어딘가 영계와 같은 곳으로 간다고 진심으로 믿고 있다. 집에 불단이 있고 불교식 장례를 치르는 사람들조차 "할아버지는 천국에서 편안하실 것이다."라고 진지한 얼굴로 이야기한다. 불교도답게 극락이나 정토라고 하지 않고 하필이면 천국이라고 말하는 것이다.

이는 물론 미국과 기독교 프로테스탄트의 영향이다. 그럼에도 불구하고 그러한 내세관이 기독교의 영향을 받았다고는 전혀 생각하지 않고, 《성서》나 불교 경전조차 읽지 않는다. 그러면서도 이 세상과 완전히 단절된 내세가 있다고 상상한다. 아니, 확신한다.

무엇을 어떻게 생각하든 얼핏 우리의 자유라고 여길 수 있지만 실제로는 그렇지 않다. 문화·환경에 의한 가치관, 그 안에 있는 대다수 사람들의 말, 미디어에서 반복하는 발언 등으로부터 영향을 받고, 자연스럽게 같은 방향으로 기울어진 생각을 하게 된다. 따라서 '그 시대 사람들의 생각'이라는 개괄적인 정의를 내릴 수 있는 것이다.

인간의 삶은 분명히 그 사람의 사고방식과 행동에 좌우된다. 그렇다면 각 시대의 철학 사상이나 종교를 앎으로써 우리는 각 시대의 핵심적인 삶의 양상을 파악할 수 있다. 과거에 어떤 책을 읽든 그것이 이해의 초보적인 전제가 되어야 할 것이다.

•

언뜻 종교와 무관해 보이는 사실과 현상이라 해도 그 이면에는 사상과 종교가 있을 때가 많다. 이를테면 공산주의가 그렇다. 공산주의는 유물론이라서 종교와는 아무런 상관이 없다고 말할 수 없다. 마르크스 사상의 근원에 있는 것은 헤겔의 《정신현상학》이며, 그 책은 헤겔 나름대로 사고한 기독교적인 판타지 세계관을 바탕으로 하고 있다.

만약 현대의 테러리즘에 대해 공부하더라도 최근 빈발하는 테러 사건의 사상적 배경을 알기 위해서는 이슬람교의 성전인 《코란》이나 무함마드의 언행록인 《하디스》를 반드시 읽어 봐야 한다.

《코란》을 읽으면 그 토대가 되고 있는 《구약성서》를 읽을 필요가 생길 것이다. 또 이슬람교와 기독교 세계의 주장이 어떻게 다른지 알기 위해 이번에는 양쪽의 역사뿐만 아니라 기독교 체제의 이론을 뒷받침하고 있는 플라톤의 사상까지 공부해야 한다. 그래야만 비로소 전체적인 이해가 가능해진다.

그런 의미에서 어떤 공부를 하든 종교와 철학을 아느냐, 모르느냐에 따라 이해하는 데 큰 차이가 발생한다. 그렇다면 무엇을 하든 최소한 종교와 철학의 기초 정도는 파악해 두어야 한다고 말할 수 있다.

더불어 폭넓은 장르의 책을 다독하는 습관을 들이면 좋을 것이다. 타키투스Publius Cornelius Tacitus(55~120경, 로마의 역사가—옮긴이)의 《연대기》나 비트겐슈타인의 《논리철학논고》, 불가코프Mikhail Afanas'evich Bulgakov(1891~1940, 우크라이나의 작가—옮긴이)의 《거장과 마르가리타》, 올리버 색스Oliver Sacks(1933~2015, 미국의 뇌신경 학자이자 작가—옮긴이)의 《아내를 모자로 착각한 남자》, 로빈슨 제퍼스Robinson Jeffers(1887~1962, 미국의 시인—옮긴이)의 시집 등은 아무리 자신의 공부나 일과 상관없어 보여도 반드시 도움이 될 때가 있을 것이다.

혹은 읽기만 해도 상상력을 자연스럽게 배양해 주고, 궁지에 몰리거나 위기가 닥쳤을 때 그 책의 한 구절이 자신을 구원해 줄지도 모른다. 책은 물건이 아니다. 살아서 듬뿍 지성을 부여하는 인간이다. 즉 생명을 부여한다는 말과 동의어이기도 하다.

07
철학과 종교에 대해 읽었으면 하는 책

처음에는 일반 해설서 정도라도 상관없다

———

자신의 공부를 질적으로 보다 깊고 넓게 그리고 이해의 폭을 넓게 하려면 많은 지식의 근원이 되는 철학과 종교에 대해서도 약간은 공부하거나 조사해 두는 편이 좋다. 또한 그렇게 함으로써 자신의 공부를 더욱 흥미진진한 것으로 만들 수 있다.

종교는 고리타분할 뿐만 아니라 자신과는 거리가 먼 이해하기 어려운 존재로 여길지도 모른다. 철학은 더욱 난해하고 복잡해 보일 것이다. 그래서 둘 다 처음에는 일반 해설서를 읽는 정도라도 상관없다. 해설서를 읽기만 해도 다양한 사안에 대한 이해가 지금까지

보다는 훨씬 깊어진다.

철학에 대해 읽어 두면 손해 보지 않을 책

———

고대부터 현대까지의 철학을 대충 훑어보기만 할 거라면 《철학 원전 자료집》(도쿄대학 출판회)이 편리하다. 각 철학자의 중심 사상 외에 삶까지 알고 싶다면 리소샤理想社의 《로로로 전기 총서》나 시미즈쇼텐清水書院의 《인간과 사상 시리즈》가 침대 위에서도 읽기 수월하다.

각각의 철학서는 자신의 성향에 따라 선택할 수밖에 없을 것이다. 파스칼의 《팡세》는 비교적 읽기 쉽다. '나는 생각한다. 고로 존재한다'로 유명한 데카르트의 《방법서설》도 두 시간 정도 만에 읽을 정도로 얇다. 좀 더 친근하고 전혀 어렵지 않으며, 현대인의 삶에 지침을 줄 만한 책을 원한다면 빅터 프랭클Viktor Emil Frankl(1905~1977, 오스트리아의 의사 겸 작가. 《죽음의 수용소에서》 등의 저서가 있다.—옮긴이)이나 에리히 프롬의 저작을 펼쳐 보아도 손해 보지 않을 것이다.

종교를 알고 싶다면 이 책을 읽자

———

종교의 표면적인 교리만 훑어볼 거라면 간단한 해설서로 족하다. 뉴스 해설 이상으로 이해하고 싶다면 해설서로는 부족하기 때문에 원전을 읽어 보는 게 가장 빠르다.

○ **유태교 · 기독교**

유태교나 기독교를 알고 싶다면 《성서》(여기에서는 오리지널 《성서》를 말한다. 어느 특정한 의사 종교적 종파가 독자적으로 편찬한 《성서》가 아니다.)를 읽을 수밖에 없다. 《성서》 전체를 통독하는 것만으로도 3개월 정도 걸린다.

그 정도의 시간을 들일 수 없다면 창세기, 출애굽기, 사무엘기, 마태의 복음서를 읽어 두면 좋다. 그중에서도 사무엘기가 가장 종교 색채가 덜할 뿐 아니라 거기에서 전개되고 있는 애욕, 패륜, 권력욕, 권모술수, 전쟁 묘사에 아연실색할 것이다.

○ **불교**

불전의 대표적인 책은 《붓다의 말》(이와나미 문고)이다. 이 책은 소위 말하는 경전의 원점이라 할 수 있다. 불교 사상도 알고 싶다면

《원시불전》이 참고가 될 만하다.

한편 학자가 불교 교리를 저술한 책은 그 학자의 주장이 강해서 오히려 혼란스러울 가능성이 크다. 대담 형식의 《불교교리문답》(산가) 쪽이 이해하기 편하다. 불교의 깨달음에 대한 내용을 자신의 체험으로 정직하게 보여 주는 불서라면, 에이사이 선사 것보다는 도우겐 선사가 쓴 《정법안장》正法眼藏 제1권이 더 쉽다.

불교의 핵심 사상이 아니라 불교의 역사나 붓다의 살아생전 교단의 모습이 궁금하다면 서점에서 유사 서적을 얼마든지 찾아볼 수 있고, 《붓다가 말하고 싶은 것》(고단샤 학술문고) 같은 가볍고 쉬운 문고본이 도움이 될 것이다.

선문답이라면 유명한 《무문관》無門關이나 《선어록》禪語錄은 꼭 읽어야 한다. 선과 관련된 책은 한자어가 많아서 어렵지만 일단 읽어보면 이해하는 데 그리 어렵지 않다. 오히려 싱겁기도 하고 재치도 풍부하다.

○ **이슬람교**

이슬람교에 대해서는 처음에는 극히 간단한 개설서(이슬람교도나 이슬람교 학자가 아닌 사람이 쓴 것)를 읽고 나서 《코란》을 읽는 편이 좋다. 《코란》은 다양한 번역서가 나와 있고, 부록의 해설도 참고가 된다.

더욱 깊이 이슬람교도의 생활을 알고 싶다면 제2의 성전이라고 불리는 《하디스》가 참고가 될 만하다. 이 책은 7세기 당시 무함마드의 언행록이지만 훗날 이슬람교도들이 턱수염을 기르는 등 생활 전반에 걸쳐 얼마나 많이 무함마드를 흉내 내고 있는지 잘 알 수 있는 자료이다.

○ **종교 전체**

개별적인 종교가 아니라 동서고금의 신화까지 아우르는 종교 전체를 훑어보고 싶다면 비교종교학적 요소가 많은 조지프 캠벨의 저작들이 재미있고 이해하기 쉽다.

철학과 종교 책을 읽고 나서는 그 작품이 쓰인 당시의 생활 문화나 경제를 알 수 있는 자료도 동시에 봐야만 한쪽으로 치우치지 않고 체계적이고 심도 깊게 이해할 수 있을 것이다. 그러기 위해서는 책을 구입해야만 한다. 당연히 돈이 든다. 하지만 아무리 많이 든다 해도 고급스러운 양복 한 벌값 정도는 아니다.

08
공부를 즐겁게 해주는 책

역사, 종교, 철학, 영어…… 추천하고 싶은 20권

———

특정 기술이나 업무는 어느 정도 고된 훈련이나 단련을 통해 배울 수 있다. 거기에는 반드시 어떤 형태의 강제와 책무가 동반되기 때문이다. 하지만 스스로 시작하는 공부에는 그런 강제나 책무가 없다. 자신의 마음이 가는 대로 내팽개칠 수도 있고 열매를 맺을 때까지 읽을 수도 있다. 그렇다면 즐겁게 계속하는 편이 좋을 것이다. 이 도서는 내 서재에 있는 책 중 극히 일부이지만 모두 흥미진진해서 즐겁게 읽을 수 있다. 편하게 혹은 공부를 위한 참고 도서 중 하나로 책장을 펼쳐도 손해 볼 일은 없을 것이다.

- 현대를 살아가는 인간을 위한 윤리와 삶의 문제를 논하다

  《모럴이 있는 인간은 그런 짓을 하지 않는다》 Un Type Bien Ne Fait Pas Ca

  악셀 칸 Axel Kahn

- 매일 밤 잠드는 게 아쉬울 만큼 재미있는 읽기 쉬운 역사책

  《문명 이야기》

  윌 듀런트

- 일반인을 위한 인생론적 철학서

  《의지와 표상으로서의 세계》

  아르투어 쇼펜하우어

- 영어 듣기에 도움이 된다

  《영어 동음이의어 사전》英語同音異義語辞典

  스티븐 윌리엄즈 Stephen N. Williams

- 깨달은 사람의 사고방식을 쉽게 알 수 있는 책

  《동도 서도, 무에 대해》 One Minute Nonsense

  안토니 드 멜로 Anthony de Mello

- 신화와 종교의 의미를 이해하다

  《신화의 세계》, 《신화의 힘》

  조지프 캠벨

- 서구 중세에 대한 이미지를 완전히 바꾼다

  《중세의 일상》 Alltagsleben im Mittelalter

오토 보르스트Otto Borst

- 전쟁 살인에 대한 생생한 심리 도큐먼트
  《살인의 심리학》
  데이브 그로스만

- 인텔리전스의 자유로운 사고방식이 전개되다
  《마음은 어떻게 작동하는가》
  스티븐 핑커

- 인간을 철저히 통찰하다
  《행복론, 인간론》
  알랭

- 사물의 기원을 알면서 세계의 역사를 알다
  《100대 유물로 보는 세계사》
  닐 맥그리거

- 문과 계통도 쉽게 읽을 수 있는 수식 없는 물리학
  《물리학을 낳은 위대한 질문들》
  마이클 브룩스

- 철학자의 심리적 진폭이 심한 일상을 노골적으로 파헤치다
  《비트겐슈타인의 1930년대 일기》
  비트겐슈타인

- 놀라지 않을 수 없는 공중위생의 역사

《자유·평등·청결－목욕의 사회사》Liberté Egalité Propreté
줄리아 세르고 Julia Csergo

- 무사의 기존 이미지를 벗겨 내다
  《전장의 정신사－무사도라는 환상》戰場の精神史-武士道という幻影
  사에카 신이치 佐伯 真一

- 19세기 세 문인의 삶을 정열적으로 묘사하다
  《데몬과의 전쟁》Der Kampf mit dem Damon. Holderlin, Kleist, Nietzsche
  슈테판 츠바이크 Stefan Zweig

- 칸트가《순수이성비판》을 쓰는 데 동기를 준 획기적인 사고
  《인간이란 무엇인가》
  흄

- 유태교적 삶의 이해를 위해
  《탈무드 입문》Everyman's Talmud
  에이브러햄 코헨 Abraham Cohen

- 인생의 여러 문제에 맞닥뜨린 사람을 돕기 위한 사고방식
  《소유냐 삶이냐 사랑한다는 것》
  에리히 프롬

※참고_ 국내에 출간되지 않은 도서는 일본에서 출간된 도서명으로 표기하고 원서명을 함께 표기했다.